秘境・邪馬台国

仏教者が見れ神話と古代史

今井幹雄

東方出版

もくじ

序章　古代史を彩る仏教思想

本章　高天原への旅立ち

終章　背振を往く

秘境・邪馬台国

仏教者が見た神話と古代史

序章　古代史を彩る仏教思想

悲劇

一九八九年（平成元年）八月十七日午後四時四十分頃、悲劇は起こった。

その少し前、現場からやや離れた農家の主人は、湯上がりの熱い体を冷やすために外へ出て、何気なく空を仰いだ途端、

「ありゃあー」

と、言葉にならない声を発した。

一面にひろがる水田に風は死に絶え、煮え滾《たぎ》る泥水と青田の草いきれがむっと鼻についた。にもかかわらず、上空には不気味なまでに黒雲が集まっていたのである。

「こりゃあ、夕立が来《く》っとバイ」

まるで彼の呟きを待っていたかのように、俄に水田がざわめいたかと思うと、物凄い勢いで雨が降り出した。

「こりゃあいかん」

慌てて屋内へ戻りかけた彼は、その瞬間、少し離れた吉野ヶ里遺跡の墳丘墓あたりに、凄

まじいばかりの金色の火柱が大地を突き刺すのを目撃している。雷鳴はその直後に彼の耳を劈《つんざ》いている――。

わたしが衝撃的なこの悲劇を知ったのは、翌十八日の朝刊の記事によってであった。

「吉野ヶ里遺跡で調査員が落雷死」という小さな一段見出しの記事は、新聞の片隅に次のように報じていた。

「弥生時代最大の環濠集落が見つかった佐賀県神崎郡の吉野ヶ里遺跡で十七日午後四時四十分頃、墳丘墓近くで作業をしていた遺跡の調査員で同郡神崎町教委職員、田代成澄さん（二九）＝同町竹＝が落雷の直撃を受けた。田代さんは近くの病院に運ばれたが、すでに死亡していた。

神崎署の調べによると、田代さんはほかの調査員二人と、墳丘墓一帯の土層を記録する作業をしていた。午後四時頃雨が降り出したため、作業を中止して墳丘墓南側の簡易テントにいったん避難。しかし、雨がやまないためにこの日の作業を断念し、遺跡が雨でぬれるのを防ぐためにシートをかけるなどの後片付けをしていた。田代さんは胸に金属製のシャープペンシルを差しており、遺体も胸の損傷が最も激しいことなどから、同署は雷はシャープペンシルに落ちた可能性が高いとみている。（後略）」

この記事と農家の主人の話には些かの喰い違いがある。

記事によると、農家の主人が外に出た時にはすでに雨が降っていたことになるが、或いは彼の記憶違いか、それとも雨が夕立特有の極めて局地的な降り方をしていたのか、——だが、それは本稿にとっては大した問題ではない。

それよりも、わたしが何故にこの悲劇を本稿の冒頭に掲げたかが問題なのである。

「吉野ヶ里フィーバー」まで起こした、つい二、四ヶ月前までの、あの熱狂的ともいえる大々的な吉野ヶ里報道ぶりに比べるとき、落雷の記事は余りにも小さ過ぎた。

わたしが悲劇を知ったのは朝日新聞の記事であるが、これなどはまだ詳しく報じている方で、他紙では僅か十数行に過ぎない簡単な記事もあった。

同じ落雷の記事であっても、これが落雷によって貴重な遺跡の何かが破壊されたとでもいうのであれば、各紙が競って大々的に報じたかも知れないが、落雷による一人の人間の感電死など、マスコミにとっては大した事件ではなかったのであろう。

たとえそれが、古代史の謎を解明することになるかも知れない大発見と騒がれた弥生遺跡に於ける調査員の死であってもである。落雷死などはさして珍しくないのか、新聞は一様に冷淡であった。

普通なら見落としてしまいそうなこの小さな記事に、わたしが目をとめたのは、勿論、吉野ヶ里遺跡に大きな関心をもっていたからではあるが、唯それればかりではなく、記事の内容がわたしにとってはまことに衝撃的だったからである。

わたしがこれから書こうとしているのは、題名の「秘境・邪馬台国」が示すように、古代史の謎の推理である。

勿論、古代史とはいっても、歴史学者でも考古学者でもないわたしに、歴史学的、考古学的な古代史の書けよう筈がなく、これから展開しようとする古代史は、素人の、それだけに何ものにも制約されない大胆な仮説によるロマンであるが、そのプロローグを『古事記』の出雲神話の大国主命の国譲りに置き、その主役である建御雷神《たけみかづち》を文字通り「雷」とし、歴史の開幕を雷鳴と稲妻と落雷に求めようというものである。

端的にいえば「歴史は落雷によって始まった」というのであり、長い間わたしはその地を「肥の国」すなわち佐賀県に求めながら、秘かに構想を温め続けていたのである。

だからこそ、佐賀県下の、それもわたしが卑弥呼の隠れ里ではないかと、多年考え続けてきた地からはさして遠くない環濠弥生遺跡である吉野ヶ里に於ける落雷の悲劇は、わたしにはまことに衝撃的だったのである。

まさに、これから展開しようとする吾が古代史を象徴するかの如き出来事であった。

古代史を彩る宗教

いま、古代史はブームである。

試みに大型書店を覗いてみると、古代史関係の新刊書が溢れている。歴史学や考古学等専門学者の専門知識を駆使した学術書的なものから、哲学者や小説家、あるいはジャーナリストなど、専門分野以外の、あらゆる分野の人びとの古代史が溢れている。いや、専門家の専門書よりも、その分野では素人というべき人びとの、推理を逞しくしたものの方が幅を利かしている。

いま、わたしのこの机上にも数十冊の古代史関係書籍が積まれているが、まさに多種多様である。

なかには荒唐無稽と思われる（本稿もその典型といえるが）ものなきにしもあらずではあるが、大方は興味深く読ませるものである。

そして、これら溢れるような古代史関係の書籍を読んで痛感したのは、人は類似の発想をするものだということであった。

悪くいえば「似たりよったり」であるが、さすがに哲学者の梅原猛氏はその著『神々の流竄』のなかで「真に創造という名にふさわしい仕事をした学者は、すべて自分の着想がすでにあったものであり、たまたま、このすでに存在している真理が、無心な心をもっている彼に語りかけたに過ぎないことを、十二分に感じているはずである」と、美しく表現されているのである。

同じことをわたしも経験したことがある。

それは現在定説として流布している『理趣経』十七清浄句の「性愛説」を否定する独自の説をたてて、これこそは吾が独創なりとの自負のもとに、或る宗派主催の教学講習会で講演をしたところ、今は故人となった聴衆のなかの老学究に「実は鎌倉時代までは講演された通りの解釈であった」と言われて、自らの独創と思ったものが、実はすでに先人によって発表されたものであることを知らされたのである。

その時わたしは、人間の意識・想念が時空を超えて互いにつながり合っていることを強く感じ、仏教に説く「虚空蔵」思想の幽玄・深遠さを憶念したものであるが、「虚空蔵」については機をみて触れることにして先へ進みたい。

溢れている古代史関係の書籍を読んでわたしが痛感したのは、人は類似の発想をするものである——ということであった。

其処にわたしは、自らがかねてから新しい発見、あるいは新しい解釈として、密かに独創ではないかと自負しつつもその一方では、あるいは余りにも荒唐無稽な解釈・発想として一笑に付されはしないかと発表を躊躇していたもの、例えば、天照大神は卑弥呼をモデルに神格化されたものであるとか、天照大神と須佐之男命は姉弟などではなく、むしろ敵同士であった等々であるが、これらがわたしと同じ解釈で堂々と罷り通っているのを見たのである。

わたしは、ちょっぴり先を越された無念さとともに、自分の解釈が決して常人には通用しない突飛なものではなく、従ってわたしの思考もまた決して異常ではなかったのだ——という、一種の安堵感をも覚えたのである。

そして、その先を越されたものの一つに「宗教を抜きにしては古代史の真《まこと》の姿は見えて来ない」ということがある。

古代史といっても、いま人びとの感心を集めているのは、卑弥呼を中心とする邪馬台国や『古事記』等による推論であるが、卑弥呼については唯一の公式資料『魏志倭人伝』に「鬼道に事《つか》え、能く衆を惑わす」とあり、『古事記』は本来が神話なのだから、当時の宗教を抜きにしては古代史の真実相が見えてくる筈がない——と考え続けて来たのである。

勿論、遺跡の出土品も大半が祭祀用のものであり、古代に於いては祭政一致であったことは夙《つと》に常識になっていた筈であるが、何故かこれまでの古代史に宗教が語られることはなかった。

然し、梅原猛氏の怨霊・鎮魂説等を機に俄然、古代史の世界に宗教が登場したのである。

いま、わたしの机上に積まれている書籍のなかにも、宗教を語る古代史ものが幾つかある。そして、それは新しく出版されたものほどその傾向が強いのであるが、恐らく梅原氏の影響が大きいのであろう。その証拠に、宗教を語るといっても、そのほとんどが怨霊と鎮魂の物語に終始している。

勿論わたしも、怨霊鎮魂抜きにしては古代史を語ることは出来ず、更にまた、怨霊鎮魂が古代史の謎を解く重要な鍵の一つであることを否定するものではないが、古代史に於ける宗教とは、果たしてそのような単純なものであるのか。わたしにはむしろ怨霊鎮魂は平安時代のものであって、それ以前の、すなわち古代史の世界を彩っている宗教はそれよりももっと高度の思想で、然も種々雑多ではなかったかと思われるのである。

古代史の原点ともいうべき『古事記』の上巻は神々の物語である。だが、神々が登場する物語だから、そこに鏤《ちりば》められている宗教は、日本古来の神道のみであるとは限らない。いや、神道そのものが果たして日本古来のものといえるかどうか。

例えば、これは神話時代ではないが、月海千峰氏は『古代ユダヤ人と聖徳太子の秘密』に於いて、古代丹後王朝はユダヤの神を信奉していたとして、ユダヤの神バール神と須佐之男命は同一であり、出雲大社はソロモンの神殿であったという説をたて、聖徳太子はユダヤ人ではなかったかと論じ、更に小林恵子氏もまた『聖徳太子の正体』に於いて、聖徳太子は中央アジアの武将（英雄）であり、ゾロアスター教徒ではなかったかと、専門の東洋史上の知識を駆使して推論している。

そして作家の松本清張氏も、清張通史の『邪馬台国』のなかで、『倭人伝』の卑弥呼の「鬼道」について「鬼道もまた南朝鮮の信仰である。鬼道は鬼神信仰によっている。鬼神とはこのばあいは先祖の死霊のことである。人々は鬼神を信じ、各地ではそれぞれ一人の者に天神を主祭させる。それを『天君』という」と解説しているように、古代の日本には様々な宗教が影響しあっていた筈である。

吉野ヶ里遺跡が発見された翌平成二年の五月十三日、「弥生人に捧げる―吉野ヶ里―祈りと平和の集い」という超教宗派の合同法要が営まれ、如何なる因縁か、わたしが導師をしたが、参加したのは仏教各宗派、神道、キリスト教、そして新宗教等々であり、この時わたしは、瞳の色も肌の色も異なる異教の師たちと語らいながら、古代もこのように人種と宗教とが混在していたに違いないと想ったのである。

古代の日本が、渡来人たちの移住時代であったならば、それら先進国人たちの文物とともに宗教もまた流入して来た筈であり、当然定着を求めて異教間の流血の葛藤や、あるいは結合による変容等が行われたに違いない。

渡来人たちが生き残りに必死だったように、宗教もまた生き残りに必死だった筈である。そして、そのなかで仏教は大きな役割を演じた宗教の一つだったのではあるまいか。

聖徳太子伝説の謎

余談になるが、いま聖徳太子が俄に脚光を浴びている。

古代史の謎に迫ろうとするとき、何故か聖徳太子が浮上するようである。聖徳太子じたいが謎の存在だからであろう。

『神々の流竄』の梅原猛氏が『隠された十字架』で聖徳太子の謎に迫ったように、『逆説の日本史』の井沢元彦氏もまた、その第二巻「古代怨霊編」で「聖徳太子の称号の謎」に迫っているが、聖徳太子は、本人の死はもとよりその一族の全滅にいたるまで、余りにも謎が多過ぎる。

古代史ブームの核をなしているのは、太平洋戦争に於ける敗戦まで、日本の正史とされてきた『古事記』や『日本書紀』に対する不信である。

『記紀』が時の権力者による、自らの政権奪取の正当性主張と、ルーツの美化のための虚偽の書であることは、現在ではすでに定説化しているようであるが、これは何も時の権力者に限ることではなく、書き残されたものに虚飾はつきものであろう。

曽てわたしは『美化された聖者の出生』と題する一文を草して、聖者の出生に於ける父親否定について論じたことがある。

釈迦とキリストという代表的な東西の二大聖者を例にとると、釈尊はその母摩耶夫人が「聖なる白象が胎内に入ると夢見て」懐妊し、キリストもまた「その母マリア、ヨセフと許嫁《いいなづけ》したるのみにて、未だ偕《とも》にならざりしに、聖霊によりて孕《みごも》り、その孕りたること顕れたり」と『マタイ伝福音書』は伝えている。

一方は「聖なる白象」であり、一方は「聖霊によりて」であり、ともに肉身としての父親の性欲が否定されているのである。

だが、この現実にはあり得べからざる父親否定が、ただたんに聖者の出生を美化するためだけのものではなく、実はそこには深い宗教的な智慧（真理）が秘められていることに気づかなければならないのである。

すなわち「性は聖なり」というべきか、ここには生命の根源としての性の清浄性とともに、父たるものは、わが子をもった以上は、わが子に対して精神の師（すなわち精神は見えざる存在である）として、わが子を聖者たらしめる責務があるということが示されているのである。

　では、時の権力の正当性を主張し、あるいはその出自を美化するために記録された虚飾の書といわれる『記紀』のなかにも、思わぬ真理・真実が隠されているのかも知れない。

　その端的な例を聖徳太子に見ることが出来るが、すでに他の人が発表しているものは割愛して、此処には、未だ誰しもが公にしていないもののみを述べることにする。すなわち聖徳太子と四天王――特に毘沙門天との関係である。

　『日本書紀』は聖徳太子の出生を次のように記述している。

「母の皇后を穴穂部間人《あなほべはしひと》皇女という。皇后懐妊開胎の日、禁中を巡行し、諸司を監察す。馬官に至って、すなわち厩戸に当たって、労なくたちまちにこれを産む。生まれながらよく言う。聖智あり。壮に及んで一度に十人の訴を聞く。以てあやまちなくよく弁ず。かねて未然を知る。且つ仏教を高麗の僧恵慈に習い、儒教を博士覚哿に学び、ことごとく達す。父天皇これを愛で、宮の南の上段に居らしむ。故にその名を上宮厩戸豊《かみつみやのうまやどのとよ》聡《と》耳《みみ》太子という」

　念のために書き添えるが、聖徳太子出生に関する『書紀』のこの記述は歴史家には余り信用されてはいない。

　然し、太子の厩戸に因む出生譚の背後にはキリスト誕生の故事の影響があるのではないか、という論議は早くからあったようである。

あらゆる角度から研究して、聖徳太子は中央アジアから渡って来た遊牧騎馬民族の英雄（突厥《とっけつ》の達頭）ではないかと推理する小林恵子氏は『聖徳太子の正体』のなかで、厩戸出生譚をとりあげて「この故事とキリストが馬屋で生まれたという伝承を結びつける説は、すでに明治時代に久米邦武氏（『上宮太子実録』井洌堂、明治三十六年）によってなされている」と紹介されている。

小林恵子氏の説のように、聖徳太子が中央アジアの騎馬民族の英雄であったとすれば、その出生にキリストの誕生物語を重ね合わせることは大いに考えられることであり、先の『古代ユダヤ人と聖徳太子の秘密』の月海千峰氏は、馬はユダヤの神バールに捧げる聖獣で、その小屋で出生したことによってキリストのメシヤたることが証明されるとし、聖徳太子にもそれが当てはめられている。

それはさておき、『書紀』の記述のなかでわたしが注目するのは「厩戸の出生」ではなく、「皇后懐妊開胎の日、禁中を巡行し、諸司を監察す」の文章であり、特に「巡行」と「監察」の用語である。何故なら、それは聖徳太子にかかわり深い「四天王」を表す言葉だからである。

そして、聖徳太子の出生に関する記述のこの部分については、太子研究者のほとんどの人が問題にはしているようである。

例えば、作家の安西篤子氏は『聖徳太子七つの謎』のなかの「誕生の謎」で、この記述について、聖徳太子を生んだ当時の生母間人《はしひと》皇女は、皇后どころかまだ皇太子妃でさえなかったとして、次のように述べている。

「こうした若い女性、身分もまだ高いとはいえない間人皇女が『禁中を巡行し、諸司を監察する』といった重々しい役目に似つかわしくないことは、誰が考えてもうなずけよう。『書紀』はどういうわけか、太子誕生を用明帝の即位後のように考えたらしい。そこから、皇后の宮中巡察という光景を導き出してしまったものであろう。

さらに、間人皇女が皇后でなかったとすると、禁中での出産という記述が、怪しくなってくる」と。

わたしも「禁中巡察」が虚構であることには賛成であるが、なにゆえの虚構であるかについては、説を異にする。

「禁中を巡行し、諸司を監察す」の表現から、わたしたち仏教者が先ず感じるのは、それが四天王の働きの二重写しだということである。

安西氏も言っているように「禁中巡行、諸司監察」は重々しい役目である。たとえ間人皇女がすでに皇后であったとしても、諸司監察という役人たちに睨みを利かせなければならない重々しい役目が皇后のものである筈がない。

ましてや身重、それも今日、明日とも知れない臨月の身で、諸司の監察など出来るわけがない。

諸司とは諸《もろ〳〵》の役所で、そこに居るのは役人たちである。監察とは「調べて取り締まること」、あるいは「視察して監督すること」であり、睨みを利かせて然も勤務評定をするのである。女性の役目ではあるまい。

わたしは、この「禁中巡察」は、聖徳太子と四天王（あるいは仏教）とを結びつけるための（あるいは結びつけたための）虚構であると考えている。

「藪入り」の謎を解く

仏教思想ほど日本人の生活のなかに根を下ろして、習俗と化してしまっているものはない。そして、ひとたび習俗化してしまえば、それが仏教思想によって生み出されたものであることは、忘れ去られてしまうのが常である。まことの宗教とはそのようなものであろうか――。

思想の習俗化を端的に表すものに「言葉」がある。仏教が如何に日本人の生活のなかに、仏教とは無縁であるかの如き顔で生きているかは、「世間」「玄関」「会釈」「お盆」等々、わたしたちの日常語のなかに、如何に多くの仏教語があるかを考えれば、おのずから納得がゆく筈である。

だが、日本人の生活のなかに根を下ろして一人歩きをしている、これら多くの仏教語たちのなかには、今や完全に仏教語であることが忘れられて、語源を全く別のところに求められているものもある。

そして、その原因は国語学者や歴史学者たちの仏教に対する無知にあるのであるが、その端的な例に、現在では使われることも少なくなり、いずれは死語と化すと思われる「藪入り」がある。

「藪入り」は仏教の焔摩天を母胎とする閻魔の思想から生まれたものと想われる。

焔摩天は梵語の「エン」を音写して炎、餤、閻等々に書かれるもので、閻摩羅社といい、別名を死王、黄泉国善賀羅王と呼び、密教では十二天や八方天などのなかの天部の護法神であるが、その容姿はまことに美しい。それがあの恐ろしい閻魔大王と同化したのは、中国に渡ってからの変容であるに違いない。

冥府神であるところから、これが儒教と結びついて、死者の生前に於ける善悪業を記録する閻魔大王の思想が生まれたのではないかと思われるが、恐らく、民衆の罪科を記録し、そして読み上げて厳しく責め審《さば》く当時の中国官憲の恐ろしい姿がそのまま、冥土に移されたものと思われる。

それはさておき、この閻魔大王には除病、息災、延命などを祈る焔摩天供という修法がある。これは主として眷属を祀るものであるが、毎年正月と七月の十六日を焔摩天の斎日として、この日は地獄の釜の蓋も開くというところから、閻魔堂の開帳や地獄変相図などを見せるようになり、そのための休日を「藪入り」と称したのである。

藪入り――いまではすでに死語と化した観のあるこの言葉と、その習慣《しきたり》が持つ意味はまことに深長であった。

藪入りという言葉から必然的に想起させられるのは、お店《たな》の丁稚《でっち》を「追《お》い廻《まわ》し」と呼ぶ関西の呼称であり、この呼び名に象徴されるお店奉公の非情さを抜きにしては、藪入りの思想と語源は解明されないのである。

すなわち藪入りは、使用者側にとっては、奉公人たちに年に二度の息抜きの日を与えると同時に、地獄の凄絶な絵図を見せて因果応報、勧善懲悪の道徳を学ばしめる機会であり、一方、年中お店に縛りつけられて、厳しい主人や番頭に追い使われている丁稚ら奉公人にとっては、主人や番頭は地獄の鬼にも見え、藪入りはまさに地獄の釜から解放される思いであったに違いない。

そこには、呵責なき地獄でさえも年に二度は亡者を責苦から解放するのだ、まして人の世なればなお更に――という仏教思想が息づいていた筈である。

同時に、使用者側は奉公人に対して、地獄の鬼の恐ろしさはわし等の比ではないぞと知らしめ、そして奉公人は、地獄の鬼に比べれば、まだお店の主人や番頭の方がましだと自分自身に言い聞かせる効果もあったに違いない。

そして藪入りの語源は、地獄の釜から解放された地獄・餓鬼趣（道）の衆生（霊）たちが暫しの憩いに集まるこの世の場所――すなわち藪へ行くことを意味しているのではないか。

藪入りの語源については、「草深い田舎に帰る意」（国語辞典）、「藪深い故郷に帰る意」（大言海・名言通・和訓栞など）、「宿入りの訛りか」（話の大事典＝日置昌一）、「大阪で陰暦五月五日に牛を野に放って遊ばせたことをヤブイリと言ったことに由来するか」（大言海）等々があるが、『原色百科辞典』には「語源は、藪は草深いという意味で、都から草深い田舎に帰ることであろうとか、他にも諸説があるがいずれも信用出来ない」とあって、語源の真相は不明とされている。

然し、藪入りという習慣が、年に二度地獄の釜が開くといわれる日に閻魔堂詣りや、地獄絵図見物を目的として始められたことを考えれば、その語源にもまた、仏教思想あるいは仏教思想に根ざした民俗信仰が隠されていることが頷ける筈である。

仏教には「施餓鬼」という行事がある。餓鬼道に堕ちて苦しむ餓鬼衆に仏法とともに飲食を供養するものであるが、そのために設ける施餓鬼壇には中央と四方に青笹を立てるのである。これは一体何を意味するのか。恐らく藪を演出しているのであろう。

盆踊りは、地獄の釜から解放されて、束の間の喜びに踊り狂う亡者の姿を表現したものであるというが、餓鬼道や地獄から解放された餓鬼衆たちのこの世に於ける居場所こそが藪であり、だからこそ閻魔堂詣りや地獄絵図を見るための年に一度か二度の休日を「藪入り」と称したのであるに違いない。

森厳な場所には森厳なる威神が鎮まり、汚穢荒涼の場所には不気味な低次の異生のもの——すなわち悪霊たちが集まり、藪蚊のように乱舞しているかも知れない。だから昔の人は森や林以上に藪を恐れ、気味悪がったのであり、そしてそのような不気味な場所で人は時に悪霊に魅入られたのではあるまいか。芥川龍之介の小説『藪の中』はまことに象徴的である。

施餓鬼壇に青笹を立てるのは、そこに藪を設定して、餓鬼たちが集まり易くしているのであり、このように考えてくるとき、藪入りの語源の謎はおのずから解けるのである。

巡察は四天王の役目

余談が長くなったが、聖徳太子の出生に関する『書紀』の「禁中を巡行し、諸司を監察す」の一語もまた、太子と縁の深い四天王の性格を抜きにしては、まさに謎の言葉となるのである。

聖徳太子の創建と伝える四天王寺でも判るように、聖徳太子と四天王との関係は深く、特に信貴山草創に関する伝説のように、毘沙門天との関係が深い。

四天王は、如来の説法道場の四方を守護する護法神であるが、帝釈天の軍臣でもあり、護国護法あるいは勝軍の神として信仰されており、特に毘沙門天にその傾向が強い。

唐の天宝年中、西蕃の三国が侵攻した時、玄宗皇帝の詔を承《う》けた不空三蔵が『仁王護国般若経』を読誦して敵国降伏を祈願したところ、城の東北三十里に毘沙門天が神兵を率いて涌現し、同時に金色の鼠が現れて敵兵の弓を咬み弦を絶って、敵を潰走せしめたと伝えている。

この毘沙門天涌現の模様を『仏教大辞彙』は「神兵を領し、鼓角喧鳴して雲霧の間に現れ」と表現しているが、これはまさに黒雲のなかに起こる稲妻・雷鳴を想わせるのである。

では金色の鼠とは落雷の火柱ででもあろうか。

それはともかく、この時の不空三蔵の奇瑞によって、玄宗皇帝はこの後、諸道の城楼に毘沙門天像を祀らせたが、この因縁によって毘沙門天は後世武神として広く信仰されるようになったといわれている。

毘沙門天の霊場である信貴山朝護孫子寺の寺伝によれば、用明天皇二年、聖徳太子は物部守屋討伐に際して四天王の加護を請い、兵を進めて信貴山臨幸の際、毘沙門天巌上に降臨して、勝軍の秘法とともに六つ目の鏑箭《かぶらや》を授けたが、勝軍ののち太子は四天王寺を建立し、特に毘沙門天降臨の信貴山には伽藍を建立するとともに、自ら毘沙門天像を彫刻して本尊とした。これが信貴山朝護孫子寺の草創であり、同山が本邦に於ける毘沙門天初出現の根本道場であるとされるゆえんである、と伝えている。

ところで四天王は、須弥山の頂上にあたる忉利天の天主である帝釈天の外臣として、毎月王命を受けて四天下を巡行し、衆生の善悪を監察して帝釈天に報告するため、別名を「護世天」ともいわれている。

『四天王経』には次のように説かれている。

「須弥山は即ち第二忉利天なり。天帝を因（または因陀羅）と名づく。福徳巍巍として四天に天主たり。四天神主は即ち因の四鎮王なり。各一方をおさむ。常に月の八日をもって使者を遣わし、下りて天下を案行し、帝王、臣民、龍鬼、蜎蜚《けんぴ》、蚑行、蠕動の類の心念、口言、身行の善悪を伺察せしむ」と。

四天王が毎月天下を巡行して衆生の善悪を調査し、これを天主の帝釈天に報告するという思想は、仏教思想というよりは道徳的色彩が濃厚であり、閻魔法王庁思想に酷似して、中国的な臭いが強い。

道教にも「天王」思想があり、人体のなかにも神が住んでいて、時々体内から飛び去って、その人の善悪を天帝に報告するというが、恐らく四天王思想は、仏教東漸の過程で最も中国化したものの一つではないかと思われる。

そういえば、四天王の甲冑《かっちゅう》姿は典型的な中国（中央アジア）武人の姿であり、先に掲げた小林恵子氏の説のように、聖徳太子を随（中国）と闘った遊牧騎馬民族の武将であるとすると、聖徳太子と四天王との関係が納得されてくるようである。

そうすると、物部守屋討伐時の信貴山に於ける毘沙門天初降臨の奇瑞は、実は聖徳太子が、自らが中央アジアから率いて来た百戦錬磨の軍兵とともに、日本に於いて初めて、毘沙門天の姿と同じ中央アジアの武人の戦闘姿で、大陸の戦法を駆使して闘ったことを暗示しているのかも知れない。

若しそうであるとすれば、当時の日本人はその姿に驚き恐れたに違いないと思われ、後の聖徳太子の死の謎や一族絶滅の悲劇とともに、聖徳太子異邦人説を裏づけるもののようでもあり、更にまた、歴史教科書が神道対仏教の相克とする物部・蘇我の闘いも、果たして本当に宗教戦争であったのか――という疑念も湧いてくるのであるが、これは飽くまでもわたしの推理に過ぎない。

わたしは、『書紀』の「巡行」「監察」という言葉の背後には、この四天王思想があり、聖徳太子が如何に仏教に縁の深い存在であったかを印象づけるための『書紀』の作為ではないかと思うのである。

では何故に、本来は男性の役目である筈の軍神四天王の役を『書紀』は太子の生母の間人皇女にさせたのか――という疑問が生じると思うが、この疑問を解く用意も仏教にはある。

すなわち、四天王の主君である帝釈天が住む忉利天は、実は仏母の世界なのである。

仏誕と太子の出生

『仏伝』には、仏母摩耶夫人《まやぶにん》は命終ののちこの天に生じ、そのため釈尊（仏）はこの天に上昇して三ヶ月間母のために説法されたとあり、また神戸には「仏母摩耶山」という美しい山号の「忉利天上寺」がある。

この寺の夫人堂に祀る摩耶夫人像は、中国の梁武帝が難産の女人を憐れみ、これを救わんがために造ったものを弘法大師が請来したと伝えている。

四天王を動かすものは忉利天（帝釈天）であり、其処は仏母の世界である。では、四天王の天下巡察は仏母の意志である――という思想が、『書紀』をして、間人皇女の「禁中巡行、諸司監察」を創作させたのではあるまいか。

勿論、そこにあるのは、間人皇女を「仏母」とし、その子と伝えられる聖徳太子を「法王」という仏教的聖者としようとする時の権力者の意志である。

更にまた、厩戸で生まれた聖徳太子が「豊聡耳《とよさとみみ》皇子」といわれ、同時に十人の訴えを聞きわけたという『書紀』の記述も、馬は耳がさとく賢い動物であるとされており、馬に因んで生まれた伝説であるとして、聖徳太子の出自を遊牧騎馬民族や、あるいはユダヤ民族にまで結びつける説もあり、勿論わたしもそれらの説明には大いに共鳴する部分はある。

例えば厩戸に於ける出生も、たんにキリスト誕生の二重写しだけではなく、生母の間人皇女が厩戸に当たって出産したという説話の背後には、太子が実は騎馬民族出身であるということが暗示されているのかも知れない。

だが、それはそれとして、聖徳太子の常人を超える優れた「聞く」能力の背後には、矢張り毘沙門天思想の影響も否定出来ないのである。

何故なら毘沙門天は、如来説法道場の四方を守護する四天王の一人として、北方守護に当たり、常に如来を護衛してその説法を聞くところから、別名を「多聞天」とも名づけられているからである。

とすると、小林恵子氏の説のように、太子の前身が中央アジアの遊牧騎馬民族「突厥《とっけつ》」の王「達頭」であったとすれば、自らの故国（突厥）が随の北方に位置していたこともまた、四天王中特に北方に位置する毘沙門天と太子とを結びつける一因となったのかも知れない。

更に釈尊もまたインド北方の人であった。

そしてまた、先の『書紀』に於ける太子の出生に関する記述中の「生まれながらよく言う」、すなわち出生するなり即座に言葉を発した、喋ったという部分も、太子が生まれたということはとりも直さず日本に来たときを意味するものであり、従って生まれてすぐに喋ったということは、太子が成人として日本に来たことを意味している――という解釈もあるが、わたしはこれもまた釈尊降誕の二重写しであると思う。

すなわち釈尊は、生母摩耶夫人の右脇より生まれ落ちるなり即座に七歩歩いて天地を指して「天上天下唯我独尊、三界皆苦我当安之」と宣言されたと、『仏伝』は伝えている。

「生まれながらよく言う」という『書紀』の記述の背後には、恐らく釈尊降誕のこの部分が意識されていたのではないかと思われる。

聖徳太子の出生に関する『書紀』の記述に対するさまざまな歴史的推理とは別に、矢張り此処にはキリストの出生や釈尊の降誕等々の宗教的故事が重ね合わされているとみるべきである。

そして、それは同時に『日本書紀』編纂時にはすでに、洋の東西を問わず多くの宗教や思想がわが国に伝来していて、互いに融合や反発をくり返しつつ広く日本人の心の中に浸透していたことを物語るものである。

聖徳太子にはこの他にも多くの謎がある。先に触れた物部討伐に於ける武勲と毘沙門天信仰からもうかがわれるように、聖徳太子の本質は武人ではないかと想像されるが、にも拘わらず何故に太子は「法王」として、宗教的聖者として祀り上げられているのであるか。

勿論、有名な『三経義疏』等の著述からも太子の仏教への帰依の深さは判る。にも拘わらず、その子孫の悲惨な運命などを考え合わせるとき、太子は何ものかと引き換えに強引に宗教的聖者に祀り上げられた感を禁じ得ないのである。

太子は宗教的聖者として祀り上げられるために何を失ったのであるか。そしてその子孫は何故に根絶やしにされなければならなかったのであるか――。その謎を解く鍵が京都・太秦の広隆寺にある。

広隆寺は蜂岡山と号し、推古天皇十二年に聖徳太子が仏像を秦河勝《はたかわかつ》に与えて創建させられたと伝え、蜂岡寺《ほうこうじ》・秦公寺《はたきみでら》・桂林寺・葛野寺《かどのでら》等々の名称があるが、本堂を上宮王院と称し、太子三十三歳自作等身の木像が安置されている。そしてこの太子像には歴代天皇から衣冠が贈られる慣習《しきたり》である。

その広隆寺で平成六年十一月二十日、六十五年ぶりに聖徳太子「御袍御更衣之儀」が勅使を迎えて行われたのである。

これは天皇即位に際し、あるいは太子の御遠忌に際して、広隆寺上宮王院に安置されている聖徳太子自作の太子像に、天皇即位の大礼に着用された「黄櫨染御袍《こうろせんごほう》」を賜り、天皇御一代を通して着用されるというもので、現在、後奈良、後水尾、東山、中御門、桜町、光格、仁孝天皇等の御袍が納められており、近くは明治三年明治天皇、大正五年大正天皇、昭和四年昭和天皇の御袍が新調されて贈られているが、いずれも即位に際しての贈進である。

今回の「御袍御更衣之儀」に際して、庄司宮内庁京都事務所長は「古くから歴代天皇の御即位の大礼の装束をお召しになられる前例を重んじ、御即位の大礼でご着用の御袍と寸分違わぬものを奉納させていただきました」と挨拶している。

上宮王院と名づけられる本堂に安置されている聖徳太子自作の等身大の太子像に、その天皇の在位中は即位の大礼に着用された衣装を贈って着用させるこの奇妙な慣習《しきたり》に秘められているのは何か。恐らくそれこそが、聖徳太子を宗教的聖者に祭り上げるとともに、その血統を根絶やしにしなければならなかった真の理由であるに違いない。

それを推理することは易しい。だが今は敢えて読者の推理に任せて置きたい。同時に読者は、聖徳太子の生母の名が穴穂部間人皇女であることも留意しておいて欲しいのである。間《はし》人《ひと》の「はし」とは神と人、異界と現世との懸け橋を意味する言葉である。

それはさて置き、もし『古事記』の序文に於ける『古事記』編纂年代と、『続日本紀』に於ける『日本書紀』制作年代を正しいとすれば、『日本書紀』編纂に僅かに八年しか先だたない『古事記』にも、さまざまな宗教思想が織りこまれて綾なしていることは確かであろう。いや、『書紀』よりも遙かに宗教色の強い物語である『古事記』に於いてはなお更であるに違いない。

以上わたしは、古（上）代史上の謎の一つとされる聖徳太子の出生に舞台を借りて、『日本書紀』に於ける仏教思想の影響の一端を論じてみたのであるが、これが『古事記』になるとなお一層濃厚の度を増すのである。

稗田阿礼とは誰か

わたしが『古事記』の背後に仏教思想を感じたのは、昭和五十六年に出版した拙著『七福神物語』の執筆中であった。恵比寿・大黒等七福神を構成する神々のルーツと性格を探るうちに、必然的に『古事記』を想起させられたのである。

従って、これから書こうとすることのかなりの部分が、『七福神物語』と重複することになると思われるので、出来る限り簡潔に記してゆきたいと思う。

端的に言おう。わたしは『古事記』のスサノオノミコトの高天原追放劇や八俣《やまた》の大蛇《おろち》、あるいは稲羽《いなば》の素兎《しろうさぎ》などの、いわゆる「出雲神話」の背後に仏教思想（というよりもむしろ印度教・密教というべきかも知れないが）を感じたとき、必然的に『古事記』の語り部といわれる「稗田阿礼」とは、『古事記』構成の骨格を成した仏教その他の宗教思想の擬人化ではないかと直感したのである。

稗田阿礼の謎の解明については、梅原猛氏の『神々の流竄』に於ける推理がある。

然し梅原氏の『神々の流竄』が出たのは一九八一年九月二十三日に『梅原猛著作集』第八

巻としてであり、わたしが梅原氏の稗田阿礼論を読んだのは、実は本稿執筆中――すなわち平成六年十一月である。

要するに、わたしが稗田阿礼を仏教思想の擬人化ではないかと直感した時点では、わたしは梅原氏の稗田阿礼論考は全く知らなかったということである。

これは何も、稗田阿礼が仏教の擬人化であるという説の独創性を強調するために言うのではない。むしろ梅原説を知らなかったからこその直感であることを言いたいのである。もし、わたしが拙著『七福神物語』執筆時に梅原説を知っていたなら、その学識の深さ、推理の見事さに圧倒され、ただ感歎するのみで、恐らく仏教の擬人化などという直感の余地はなかったのではないかと思われる。

梅原説を知らなかったからこその直感ではあるが、然し今は逆に、梅原説の見事さに助けられて、むしろ自らの直感に自信を持っている。

梅原説については後に触れる機会があるかも知れないが、わたしが稗田阿礼を仏教の擬人化であると直感した理由の一つは、八俣の大蛇の神話に登場するクシナダヒメと稗田阿礼という名を対比させたことにある。

日本の神々の名はほとんどが当て字であるから様々に造られ、それがその神本来の性格やルーツを曖昧模糊たらしめている場合が多く、クシナダヒメもその一人であるが、年毎に襲い来る八俣の大蛇に狙われる可哀想な乙女のクシナダヒメという名が意味しているのは、奇《く》しき稲田――すなわち、稲の豊かにみのる美田である。

それはクシナダヒメを中にして歎いていた翁と媼の名前が足名槌、手名槌ということからも納得される。すなわち「手足の如くこき使う」などという言葉があるが、足を槌とし手を槌として育て上げた美田ということであり、八俣の大蛇とは、その美しい稲田を呑み込んでしまう洪水を意味する。

では、稗田阿礼が意味しているのは、美しい稲田とは反対の、稗しか生えない荒れ田であり、阿礼はすなわち「荒れ」であると同時に「アレ」すなわち名を呼ぶにも値しない、名もなき存在ということでもあろう。

勿論「阿礼」の「アレ」とは「生まれ」を意味する言葉であるというのが通念であることは承知しているが、この場合稗田と対比するときには「生まれ」というよりは、名もなき存在という解釈の方がふさわしいように思われる。

では何故に、稗しか生えないような名もなき荒れ田を意味する稗田阿礼が仏教の擬人化なのか。すなわち、それは『古事記』が仏教思想を借りて作られたものだからである。

ではまた何故に、自らが借りた大恩ある仏教思想を、名もなき荒れ田と称するのであるか。

それは、自らが借りた思想を吾がものとして公表するためには、本来の持ち主の存在を先ず否定しなければならないからである。

いま、過去の古代史は解体され、そして新たなる古代史を構築すべく、さまざまな論考がなされており、過去の年表が必ずしも正史とはいえなくなっているが、いまは仮りに歴史年表に依れば、仏教伝来は欽明天皇十三年（西暦五五二）である。この年、百済が仏像と経論を献上したと記録されている。

然し『上宮聖徳王序説』には、その少し前の宣化天皇三年、百済聖明王が仏像と経論を贈ったと記録されており、西暦五五〇年頃には既に仏教文化が渡来していたのである。

そして『古事記』が完成したのは和銅五年（七一二）一月である。年表には「太安万侶古事記を撰上す」と記録されている。仏教伝来から百六十余年後に『古事記』は完成しているのである。

それまで死者を畏れ敬う以外にない、宗教的には墨絵のようであった日本に伝来した仏教は、その大陸的原色の文物とともに燎原の火の如く、瞬く間に日本全土に流布して、百済・新羅が仏像や経典を献上し、蘇我馬子が仏殿を造った敏達から、蘇我・物部の争いの用明、蘇我が初めて法興寺を造った崇峻と経て、推古天皇の世には聖徳太子の出現によって、仏教はすでに偉大なる思想として、少なくとも知識階級には受け入れられていた筈である。

だからわたしは、太安万侶が仏教思想を借りて、『古事記』を組立てたと考えたのである。そして人は、或る思想に感心してこれを借用、いや盗用して、わがものとして公にするためには、本来の持ち主を抹殺し、あるいは無視しようとするものである。

これは誰某《だれそれ》の思想であるが、それを自分が失敬して吾が物として発表したのであるとは、金輪際言わないものである。

あるいはまた、本来の持ち主を誰かが賞めたとすれば、「いや、あいつは大した存在ではない」と、本来の持ち主を貶したがるものである。わたしたちの日常にも往々にして見られる光景である。

太安万侶もそうであったのではないか。彼は、異国の仏教思想を盗用して、日本古来の神々の物語を作ったなどとは到底言えたものではあるまい。

だが彼は内心仏教思想の偉大さを知り抜いていた。だからこそなお更に、俺が一寸拝借した仏教などは大したものではない、とるに足らないものだよ——という気持ちが、稗田阿礼などという語り部を創り出したのではないか。

いや、逆に彼は、時の権力の命令によって、本来は異国の宗教のものであった思想を奪いとって、日本古来の思想であるかの如き歴史書を作らざるを得なかったことを、暗に後世に伝えるべく稗田阿礼という語り部を創造したのかも知れない——と考えていたのである。

だが梅原氏はその卓抜の学識によって、稗田阿礼は藤原不比等であり、彼こそが『古事記』『日本書紀』の真の作者であると推理している。

そしてその理由は、端的に言えば、『古事記』は、天皇を中心とし、藤原氏を最高の権力者とする国家統一のために、ミソギ・ハライを根本とする中臣神道を以て構成されたものだからというのである。

梅原氏は言う。

「第二に、記紀の神話は、藤原――中臣氏に有利に作られていることである。このことは、記紀がやはり藤原氏によって書かれたことを物語る。ここで、藤原氏以外の他氏に有利な記事はほとんど皆無である。後に藤原氏の祭った神々のみが、圧倒的に重要な役割を果す。むしろアマテラスをはじめとする天皇家の祖神たちさえ、こういう藤原家の祖神たちの活躍を際立たせるためにあるかのようである。アマテラス――ニニギノミコトの万世一系の皇統が主張されるのは、そこにつかえまつる第一の神の子孫である、藤原氏の支配を永久化するためのようでもあった」と。

ここで梅原氏は、アマテラス――すなわち天照大神を天皇家の祖神とする従来の国史に従って論を展開しているのであるが、同時に梅原氏は、『古事記』は「内なる書、秘密神道の書」であり、「他日、新しい歴史を書くための準備の書」でもあり、宮廷深く秘せられるべき秘密の書である『古事記』が万一暴露された時に、皇室にさし出した資料を著しく歪曲された豪族たちの矛先をかわすために、不比等は自らの本名を隠して、稗田阿礼としたのであるという。

梅原説は見事である。『古事記』の真の作者が藤原不比等であることも、そして不比等が稗田阿礼という偽名を作り出したことも、その通りであろうと思う。

だが、不比等は自らの名を隠すための偽名として稗田阿礼を名乗ったのではなく、新しき国家神道の確立のために借用した仏教（その他の）思想から、仏教の名を葬り去るための墓碑銘として、稗田阿礼という名を考え出したのではないかと、わたしは考えている。

万二千里の謎を解く

では、どのように『古事記』は仏教思想に彩られているのか――。

だが、そのことに触れる前に、わたしがどのようにして『古事記』に魅かれ、神話と古代史に関心を持つようになったかに触れて置きたい。

『古事記』が仏教思想を背骨としているのではないかと気づいたのは、拙著『七福神物語』執筆中であった。十数年も前のことである。

わたしの『七福神物語』執筆の機縁は大黒天の導きによるものであり、このことは同書の冒頭に詳述しているが、その『七福神物語』執筆を通して、わたしを『古事記』へ導いたのも大黒天であった。

「夷・大黒」といわれるように、七福神のなかでも大黒天は夷と並んで特に庶民に親しまれている福の神であるが、その性格は複雑怪奇である。

『密教大辞典』には「この尊に戦闘神・財福神・冥府神の三性格あり」とある。

すなわち故郷のインドに於いては、インド教（ヒンドウ教）の闇黒神であったのが、仏教にとり入れられてからは、仏・法・僧の三宝を守護して夜叉・羅刹（仏法の障害者）と闘う戦闘神となり、それが大衆に飲食を与える福徳神――特に中国では厨房の神となり、そして日本では、その発音の類似から出雲神話の主人公「大国主命」と結びついて、慈愛にみちた福徳の神として信仰されるようになったのである。

わたしは、この大黒天の複雑怪奇な性格と変容の謎を追究していて、『古事記』の背後にある仏教思想に逢着したのである。

だからといって、わたしは今自分が書きすすめている説が絶対に正しいのだと主張するつもりはない――どころか、むしろ自説に対して疑問さえ抱いているのである。

何故なら「蟹は甲羅に似せて穴を掘り、人はこころほどの世を経る」というが、おのれを尺度とするのが人間の常であり、わたしもまたその埒外ではあり得ないからである。

そして、おのれを尺度とするとは、おのれの知識によって判断するということであり、考古学者は考古学の知識により、歴史学者は歴史学の知識に基づく予断によって論じるのであるが、予断に立つとき、不思議にすべてが自らの予断に都合よく解釈されてくるものであり、一部に自らの説に不都合なところがあると、それが牽強付会を生むことになる。

だから、人は真実を知るためには、むしろ自らの専門知識を離れて物事を見ることが時には必要であるが、これは容易なことではない。

わたし自身が仏教以外には無知であるため、物事をはかる尺度を仏教以外に求めることは出来ないのであるが、然し、ひとたび仏教を尺度として『古事記』や古代史を見るとき、それらのすべてが、わたしが持っているところの「仏教」の尺度にぴったりと当てはまるように思われるのである。

それだけになお更、自説に対しては疑問を持ち続けるべきであることは承知の上で、敢えて自説を展開しようとするのは、これまでは古代史上の謎の解明に重要視されて来なかった仏教が、あるいは何らかの参考になるのではないかと思うからであって、決して自説のみを正しいといって主張するためではない。

例えば、邪馬台国の位置を探る鍵として常に問題となるのが、『魏志倭人伝』に記載されている里程（距離）である。

多くの邪馬台国論がこの『倭人伝』中の里程と方角とをめぐって論争をくり返しているのであるが、わたしにはこれが実に無駄なことに思われるのである。

或る日わたしは、経典を読誦していて、ふと気づいたことがある。

それは多くの大乗経典に共通するのが、経典の冒頭に出て来る「大比丘衆万二千人と倶なりき」という表現である。

例えば『法華経』には次のように説かれている。

「是くの如く我れ聞く。一時、仏、王舎城耆闍崛山《ぎしゃくつせん》の中に住し給い、大比丘衆万二千人と倶なりき」と。

そして浄土三部経では『大無量壽経』と『観無量壽経』が同じように「大比丘衆万二千人と倶なりき」であり、『阿弥陀経』のみが「大比丘衆千二百五十人と倶なりき」となっている。

経典は、釈尊一代の説法を結集、編集したものといわれているが、それは信仰上のことであって、唯物史観的には、後世大乗仏教興起とともに教義にもとづいて作られたものであるに違いない。

だが、それはともかく、経典の冒頭に出てくる説法の場所と聴衆とは、そこに説かれている内容を決定するほどの重要性をもつものとされている。

何時、何処で、誰に説かれたかということが、説法の内容を知る上で重要であることは当然であるが、聴衆の人数までが果たして重要性を持つのであろうか——と考えた時に、わたしの脳裏に浮かんだのが、『魏志倭人伝』の「郡より女王国に至る万二千余里」という表現であった。

経典冒頭に共通する「大比丘衆万二千人」という表現は、決して「万二千」という具体的な数字が大事なのではなくして、一々数えることが難しいほど多い、あるいは遠いという中国的な形容詞ではあるまいか。

仏教にはよく「無量」「無辺」という言葉が出て来る。従って「万二千」という数字は「無量」「無辺」に対して「限定」「有限」を意味するものであろう。

経典冒頭に登場する聴衆には、釈尊の高弟である大比丘衆（高僧）万二千人に続いて必ず菩薩衆が雲集しているのであり、雲の如く集まる菩薩衆に比べると遙かに限定された大比丘衆の数ではあるが、それでも一々数えることは困難な、数え切れないほどの数を意味しているのではないか。

では『倭人伝』の「郡より女王国に至る万二千余里」の記述——すなわち帯方郡から卑弥

呼を女王とする国までは万二千余里であるというのは、実は実測の距離を表しているのではなくして、「遙かに遠い処」を意味しているのではないか——と気がついたのである。

然も、わたしが仏教経典をヒントに直感した、この万二千余里の解釈が決して荒唐無稽なものではなかったことを、わたしは後に松本清張氏に教えられたのである。

松本清張氏は、講談社刊の『清張通史1』「邪馬台国」に於いて、この「万二千余里」について、同じ『魏志』「地理志」の「鮮卑伝」や、『漢書』の「西域伝」等の文献を駆使した見事な推理によって、次のように述べている。

「つまり、『万二千里』というのは、中国の直接支配をうけていない国の王都がはるか絶遠のかなたにあることをあらわす観念的な里数なのである。『漢書』の書例にならう陳寿が、これを『魏志』の鮮卑の条や倭人の条に応用したのであって、鮮卑の東西が『万二千里』というのも、帯方郡から女王国まで『万二千余里』というのも、『長大な距離』という観念的里数にすぎない。

ところが、これまでの邪馬台国論者のほとんどは、この『万二千余里』を実数と思い込み、『倭人伝』に書かれた対馬国から邪馬台国までの各国間の里数を合計したりして、しかるべき理屈をつけている（後略）」と。

さすがに松本清張氏、見事な推理である。

この松本説が最初に発表されたのが何時であるかを、わたしは知らない。わたしがこの松本説を読んだのは、一九八九年十二月二十五日第八刷発行の講談社文庫本であるが、発行後随分の年数が経ってからである。

わたしが経典にヒントを得て、「万二千余里」を「遙かに遠い」という意味だと直感したのは、多分この本が出た後だったに違いないと思うが、その時わたしがまだこの本を読んでいなかったことだけは確かである。

当代随一の推理作家であり、古代史研究者でもある松本清張氏の、文献を駆使した見事な推理による結論を、お経のなかの短い字句が、古代史には素人のわたしに簡単に直感させてくれたのである。

わたしは松本清張氏を向こうにまわして、自慢をしているのではない。古代史の謎の解明に於ける仏教の重要性を論じたいのである。

そして、ここで一言付記して置きたいのは、「万二千余里」という言葉に暗示されているのが、実測ではない――すなわち、『倭人伝』の作者が実際に女王国まで出向いたのではない――ということである。

何故なら、実際に自らが決して楽ではない旅をして女王国を尋ねたのであれば、「万二千余里」などという漠然たる、そして観念的数字を用いる筈がないからである。

「万二千余里」という言葉が示しているのは、これは実測数には非ず――ということであり、過去の多くの邪馬台国論争者はこれに気づくべきではなかったか――と、わたしは考えている。

そして本稿、すなわち『秘境・邪馬台国』の発想は、実はここに源を発したのである。

天之御中主が象徴するもの

本題に戻ろう。では『古事記』はどのように仏教思想に彩られているのであるか。

『古事記』は上・中・下の三巻にわけて構成されており、上つ巻は三段にわかれた序に続いて「創世の神々」から「鵜葺草葺不合命《うがやふきあえずのみこと》」まで、中つ巻は「神武天皇」から「応神天皇」まで、そして下つ巻は「仁徳天皇」から「推古天皇」までが記されているが、これをもっと も判り易く単純に表現するならば、上巻は完全に神々の物語である有史以前の神話であり、中巻は神から人へ――すなわち神話から歴史への過渡期、そして下巻は歴史ということになるであろうか。

勿論、上巻の神話の背後にもさまざまな古代人の歴史が織り込まれているであろうし、逆にまた、一見まことしやかな歴史の如く粧われている下巻の物語のなかにも多くの虚構や、事実の歪曲が秘められている筈である。

だが、それはそれとして、若し本当に『古事記』が仏教思想によって彩られているのであれば、その影響を最も強く受けているのは、上巻の神話の部分であるに違いない。それも特に冒頭部分に於いて最も仏教的理念が濃厚である筈である。

神話は、たとえその背後に事実のモデルがあったとしても、そこに何らかの宗教的理念がなければ、物語の構成など出来るものではなく、特に冒頭の導入部は理念を掲げるところである。

『古事記』もまた然り。有史以前の、天地開闢の創世記などに、モデルとなるべき歴史的事実のある筈もなく、何らかの理念がなければ、物語の構成されようがないのではないか。従って『古事記』が仏教思想を借りているのであれば、この部分に仏教思想は最も顕著な筈である。

『古事記』は曰う。

「天地初めて発《おこ》りし時に、高天の原に成りませる神の名は、天之御中主《あめのみなかぬし》の神（高の下の天を訓《よ》みてアマといふ。下これに效《なら》へ）。次に、高御産巣日《たかみむすび》の神。次に、神産巣日《かむむすび》の神。この三柱の神は、みな独神《ひとりがみ》と成りまして、身を隠したまひき。

次に、国稚《わか》く、浮ける脂《あぶら》のごとくして、くらげなすただよへる時に、葦牙《あしかび》のごとく萌え騰《あが》る物によりて成りませる神の名は、宇摩志阿斯訶備比古遅《うましあしかびひこじ》の神。次に、天之常立《あめのとこたち》の神（常を訓みてトコといひ、立を訓みてタチといふ）。この二柱の神も、みな独神と成りまして、身を隠したまひき。

上《かみ》の件《くだり》の五柱の神は、別天《ことあま》つ神ぞ。

次に、成りませる神の名は国之常立の神（常・立を訓むことも上のごとし）。次に、豊雲野の神。この二柱の神も、独神と成りまして、身を隠したまひき。

次に、成りませる神の名は、宇比地邇《うひじに》の神。次に、妹須比智邇《いますひちに》の神。次に角杙《つのぐひ》の神。次に妹活杙《いもいくぐひ》の神（二柱）。次に、意富斗能地《おほとのじ》の神。次に妹大斗乃弁《いもおほとのべ》の神。次に於母陀流《おもだる》の神。次に、妹阿夜訶志古泥《いもあやかしこね》の神。次に伊耶那岐《いざなき》の神。次に妹伊耶那美《いもいざなみ》の神。

上の件の国之常立の神より下、伊耶那美の神より前《さき》を、并《あわ》せて神世七代《かみよななよ》といふ（上の二柱の独神は、おのもおのも一代《ひとよ》といふ。次に双《たぐ》へる十《と》はしらの神は、おのもおのも二はしらの神を合わせて一代といふ）。

ここに、天つ神のもろもろの命もちて、伊耶那岐の命《みこと》・伊耶那美の命の二柱の神に、『このただよへる国を修理《おさ》め固め成せ』と詔らし、天の沼矛《ぬぼこ》を賜ひて、言依《ことよ》さしたまひき。かれ、二柱の神天の浮橋に立たし（立を訓みてタタシといふ）て、その沼矛を指し下ろして画《か》かせば、塩こをろこをろに画《か》き鳴し（鳴を訓みてナシといふ）て、引き上げたまふときに、その矛の末《さき》より垂《したた》り落つる塩の累《かさな》り積れる、嶋と成りき。これ淤能碁呂嶋《おのごろしま》ぞ」

――以上、いわゆるイザナキ・イザナミの二神が出現するまでの、『古事記』の冒頭部分である。

この後、イザナキ・イザナミの男女二神は、この淤能碁呂嶋に天降りし、新居ともいうべき八尋殿《やひろどの》をたてて、そこでいわゆる男女の営みによって国生みに移るのであるが、アメノミナカヌシの神よりイザナキ・イザナミの男女二神にいたるこの部分は、如何なる理念によって創作され、構成されているのであろうか。

梅原猛氏は『神々の流竄』のなかで次のように述べている。

「いよいよ結論を下すべきときである。古事記、日本書紀の真の作者は藤原不比等である。その理由は、第一に記紀は中臣神道の思想、ミソギ・ハライを根本の思想としているからである（中略）。古代から民間に存在したミソギ・ハライの習わしを、国家の事業とすると同時に一つの神学に体系化した、この中臣神道の祝詞の思想が、そのまま記紀の神話を貫く思想となっている」と。

そして、その理由として梅原氏は、一切は空という仏教が政治の思想としては適用し難く、仏教は天皇制のイデオロギーになりにくいこと。

更に、天武にはじまる時代には、外来主義、儒教主義への一種の反感のようなものがあり、もう一度古来のもの、日本固有のものに帰れという風潮が、飛鳥浄御原《あすかきよみはら》朝の時代思潮である――と。

然しわたしには、『古事記』冒頭のこの部分を読むときに、脳裏に浮かんでくる経文の一節がある。

すなわち『大無量壽経』の冒頭近くの次の文章である。

「仏、阿難に告げたまわく。乃往過去久遠無量不可思議無央數劫《ないおうかこくおんむりょうふかしぎむおうしゅこう》に錠光如来、世に興出《こうしゅつ》して無量の衆生を教化し度脱し、皆得道せしめて乃ち滅度を取りたまいき。次に如来ありて名づけて光遠と曰う。次を月光と名づけ、次を栴檀香と名づけ、次を善山王と名づけ、次を須弥天冠と名づけ、次を須弥等曜と名づけ、次を月色と名づけ、次を正念と名づけ（中略）。次を龍音と名づけ、次を処世と名づく。此《かく》の如きの諸仏皆悉く已《すで》に過ぎたまえり。

爾《そ》の時、次に仏有《まし》しき、世自在王如来・応供・等正覚・明行足・善逝・世間解・無上士・調御丈夫・天人師・仏・世尊と名づく。時に国王有り、仏の説法を聞きて心に悦豫を懐き、尋ち無上正真道意を発し、国を棄て、王を捐て、行じて沙門と作《な》る。号して法蔵と曰う」

これは「乃往過去久遠無量不可思議無央數劫」すなわち、遙かなる宇宙の開闢ともいうべき遠い昔に、錠光如来という仏が世に現れて、無量の衆生を救済し得道させて入滅して以来、次々と五十三の如来が現れたが、それらはすでに過去仏となり、最後に世自在王如来の時に、この如来の説法を聞いた国王が菩提心を発して、国も王位も棄てて沙門となり、法蔵と号した——というのである。

この法蔵（菩薩）が五劫に亘る思惟の果てに阿弥陀如来となるのであるが、わたしは、この、気も遠くなるような天地開闢の遠い遠い昔に錠光如来が現れて以来、次に誰某、次に誰某と、次々に如来が現れるこの件《くだり》に、先に掲げた『古事記』の冒頭部分を想うのである。

悲しい哉、浅学にしてわたしはいま『大無量壽経』の、錠光如来より世自在王如来にいたる、過去五十三仏の一々について、その性格と意義とを論ずることは出来ない。

勿論、最初の錠光如来と最後の世自在王如来については、その名号によってわたしなりの領解は出来る。だが、過去五十三仏の如来は判らない。然しただ無意味に五十三の如来に名号がつけられている訳ではあるまい。

同じように、『古事記』の天之御中主の神よりイザナキ・イザナミにいたる十四柱の神々についても、それぞれに深い意味をもって名前がつけられている筈であるが、現在のわたしにはそれを問う余裕はない。

ここで注目して欲しいのは、『大無量壽経』と『古事記』の両者に共通する理念と、物語の構成の手法である。

すなわち『大無量壽経』の方も、錠光如来以来次々と現れる仏たちを経て、人間的なる法蔵菩薩へとつながり、『古事記』もまた、天之御中主の神以来次々と現れる独神を経て、より人間的というか、人間を象徴するような男女（相対）の二神たるイザナキ・イザナミへとつながっているのである。

然も、法蔵菩薩が五劫思惟によって阿弥陀如来——すなわち仏になるように、『古事記』もまた、男女を象徴するイザナキ・イザナミから神々の物語である神話が開幕する——すなわち、ともに仏になり神になるという共通点がある。

仏教では仏（すなわち仏性）を非男非女という。すなわち「如」の世界である。男に非ず女に非ずとは、男の如く女の如くであり、画然とは区別出来ない——すなわち絶対を意味する。仏像が女性を想わせる優美な面差しに、男性の象徴ともいうべき口髭をもつ所以であろうか。

そして、その「如」より来たれるものが「如来」であり、「絶対」より現れたるものが「相対」であり、その端的なものが男女である。

では、イザナキ・イザナミに象徴されているのは相対世界——すなわち、この現象世界であり、天之御中主の神に象徴されているのは、御中という名が示しているように、男女（相対）に別かれる前の非男非女——すなわち、絶対的存在ということである。

そして、「阿字の子が阿字のふるさとたちいでてまたたち還る阿字のふるさと」という歌があるが、仏の世界から人間世界に来生して、また仏の世界へ還ってゆく——すなわち、絶対から生じて絶対へ還ってゆくというのは、仏教に於ける生命の風光である。

因みに阿字とは梵字の「𑖀」であり、一切法教のもと、一如なる絶対を意味し、密教では生命の根源たる大日如来を表す種字とするが、インドに於いては仏教以前の古くから存在した思想であるといわれる。

ところで、浄土教の所依の経典である『大無量壽経』と『古事記』を並べて論じると、浄土思想が日本に伝来したのは中世鎌倉時代になってからである——という反論があるかも知れない。

確かに、法然上人や親鸞聖人が浄土宗や浄土真宗を開いたのは鎌倉時代であるが、そのような何宗という形ではなく、仏教思想としては平安時代までに浄土信仰が見られ、そして弘法大師久米寺塔下に於ける『大日経』感得のように、伝教・弘法両大師以前に密教が伝来していたことなどを考え合わせるとき、仏教思想のなかの浄土教的なものとして、すでに古代の日本に影響を与えていたと考えても不思議ではない。

生命誕生への胎動

次に注目して欲しいのが、『古事記』の世界観が三神を柱として構成されていることである。

先ず最初に現れたのが天之御中主《あめのみなかぬし》と高御産巣日《たかみむすび》と神産巣日《かむむすび》の独神《ひとりがみ》三神である。

この三神に象徴されているのは、恐らく天地創造であるに違いない。

すなわち、天之御中主は天地創造以前の「如」なる絶対を意味し、高御産巣日は天を、神産巣日は地を象徴していると思われる。それは、御中主や高御産巣日などという名称からも判ることである。

御中主は文字通り中心的存在であるとともに、絶対的存在を意味し、仏教的表現を借りるなら「一如」であり「非男非女」、すなわち男性を超え女性を超えたる「仏性」でもあろうか。

高御産巣日の「高」は祝詞《のりと》にも天を意味する言葉として、「高光る」と表現されているように「天」を意味し、天に象徴されるものは「見えざるもの」すなわち、精神的存在であるに違いない。

では、神産巣日の「神」に象徴されているのは「地」であるに違いない。神道に於いては今になお、この大地に生きた人びとを神として祀る思想がある。

高御産巣日と神産巣日に象徴されているのは天地・陰陽・男女であろう。

『古事記』の冒頭に現れたこの三神に象徴されているのは、絶対の意志が相対となって具象化・現象化しようとする、天地創造への胎動であるに違いない。

旧約聖書でいえば、「太初《はじめ》に言葉ありき、言葉は神と倶にあり、言葉は神なりき」というところであろうか。

言葉とは神の精神的表現であり、その言葉によって神が、「水は一処《ひとつところ》に集まって乾いた大地が現れよ」と言ったら、海と大陸とが出現するのである。

そして、此処ではすでに、高御産巣日と神産巣日の「産巣」という文字が示しているように、生命誕生の胎動が暗示されているのであり、更に「産巣日」の「日」が示しているように、生まれくる子は日の御子――すなわち日御子《ひみこ》（日皇子）でなければならないのである。

「むすび」は結び、すなわち結合であり、「産巣日」と書いて「むすび」と読ませる所以は、結合による生命の誕生（産）を意味すると同時に、「産むための営巣」すなわち生命誕生のための準備期間を意味しているのであろう。

因みに、神道では死者の霊をも一柱二柱と呼ぶが、柱とは家を支えるもの――すなわち屋台骨であり、人びとの霊魂が国家を支えているという思想から生まれた呼称であると思われる。

そして、これが古代に於ける祭政一致の原点であると同時に、わが国古代史に於ける怨霊・鎮魂説の基盤をなしている筈である。

それはさて置き、『古事記』では、次に宇摩志阿斯訶備比古遅《うましあしかびひこじ》と天之常立《あめのとこたち》の二神が現れて、先の三神と合わせて別天《ことあま》つ神《かみ》五柱とし、更に国之常立より伊耶那岐《いざなき》・伊耶那美《いざなみ》までの七神が現れて、これを神世七代《かみよななよ》というと『古事記』は記している。仏教にもまた「過去七仏」の思想がある。

この三・五・七の数は、『古事記』の解説書などによると、「中国の聖数観念による」（『新潮日本古典集成「古事記」』）というが、この数字は仏教でも大変重要な意味をもつものである。

すなわち、三は過去・現在・未来を表す「三世」から、欲界・色界・無色界の「三界」、一切世界を意味する「三千大千世界」、如来の種別を表す法身・報身・応身の「三身」、仏の「三密」と衆生の「三業」、貪・瞋・癡の「三毒」、仏・法・僧の「三宝」等々。

そして五は、この世界を構成する五種の要素――すなわち地・水・火・風・空の「五輪」、同じく『般若心経』にいう「五蘊」、殺生・偸盗・邪淫・妄語・飲酒の「五悪」「五毒煩悩」「五濁悪世」。逆にそれらの禁戒を意味する「五戒」や懺悔の「五悔」、仏前荘厳の花立てと灯台と香爐の「五具足」、密教法具の「五鈷」、袈裟の種類の「五条」、そして人間の体を表す「五体」「五臓六腑」等々。

更にまた七は、寺院の完全な形態を表現する「七堂伽藍」、人の世に起こる災難を総称する「七難」、福神を集めた「七福神」、袈裟の種類の「七条」、そして一週間の「七曜」等々、いずれも数え上げればきりがないが、この三・五・七の数字については、本論ではないのでここでの詳述は避けたい。いずれ詳述の機会があるかも知れないが、端的に言えば、三・五・七ともにそれぞれが完全・完成・完備・全て等の意味をもっているのである。

数字が出たついでに書き添えて置くと、伊耶那岐・伊耶那美の二神によって生み出された日本列島の大八州《おおやしま》の「八」という数も、仏教では「七面八臂」のように重要な意味をもつものであるが、これについては後に「八俣《やまた》の大蛇《おろち》」の物語で触れることになる。

此処では「三」についての論をすすめたい。

冥府の支配者大黒天

『古事記』の世界観が三神という三本の柱によって構成されていることに、わたしが気づいたのも、やはり拙著『七福神物語』に於いて、大黒天の複雑な性格について執筆している時であった。

七福神中、異国の神でありながら、日本古来の神と融合・同化した神は大黒天のみである。夷《えびす》も、夷という外国を意味する言葉から考えて、あるいはまた古代史的に考察するとき、必ずしも日本古来の神とは言えないのかも知れず、同様の視点に立てば、インド原産の大黒天と同化した大国主命もまた、厳密には日本古来の神とはいえなくなると思うが、今は仮に日本古来の神として話を進めよう。

一般に親しまれている大黒さまは日本化したもので、狩衣様の服装に頭巾を被り、左肩に袋を負って右手に打出の小槌を持ち、米俵の上に坐した短躯肥大の柔和な、そして美髯を蓄えた姿であるが、これは『古事記』の大国主命と同化した姿である。

『古事記』の出雲神話に出てくる「稲羽《いなば》の素兎《しろうさぎ》」で、大国主命が肩にかついでいる大袋は、悪意にみちた八十神たちの荷物を持たされているのであるが、大黒天と同化して福神となった時にはこれが福袋・宝の袋とされた背後にあるのは、「転禍為福」の仏教思想である。

現在の大黒天はすっかり日本化し、然も「稲羽の素兎」の影響か、慈悲深い大国主命の一面と結びついてやさしさ柔和さのみが強調され、また大黒天と大国主命とが融合同化したのも、神仏習合の結果、大黒と大国の発音や形像の類似によって生じたものとされているが、たんにそれだけではなく、内容的、思想的、性格的にも相通ずるものがあったればこそ、同化したものと思われる。

大黒天はもとインドの神。インド教の闇黒神であったものが仏教にとり入れられると仏法守護の神となり、仏法の障害たる夜叉・羅刹と戦う神となり、更に大衆に飲食を与える福徳神というところから厨房の神となり、従って忿怒（戦闘）と慈愛（福徳）の両面を備えた神として信仰されるようになった。

『希麟音義』五や『慧琳音義』十には「大黒天神は身は青黒色で寿命は無量千歳」とあり、『理趣釈』下には「摩訶迦羅とは大時の義なり。いわゆる三世無障碍の義なり」と解釈されている。

摩訶迦羅とは、大黒天のインド名を音写（音訳ともいう）したもので、迦羅は「黒」または「時」を意味し、大黒天という名はその身色の黒に由来している。従ってここでは、その名の音読みが同じという以外には、大黒天と大国主命とを結びつけるものはない。

だが『密教大辞典』によると「この尊に戦闘神、財福神、冥府神の三性格あり」として、大黒天が複雑怪奇な性格であることが示されているが、此処に大国主命との共通点があるように思われる。

大黒天の三つの性格のうち、先ず第一にあげられているのが戦闘神であるが、これはインド教のシヴァ神、またはその妬のドガの化身、あるいは侍者ともいわれるが、破壊戦闘を司るとされ、『神愷記』には「尸林に住して隠形飛行等の薬術に長じ、生人の血肉を取る。若しこの神を祀らば人を加護し、戦闘に勝ちを得しむ」とあり、インドに於けるその本来の姿は、日本化して一般に親しまれている柔和な姿とは似ても似つかぬ恐ろしい忿怒形である。

また福徳（財福）神としては、インド教の生育の神であるビスヌの化身とされ、それが仏教では、万物を支えて然もこれを生育する地天の化身となっている。

更に冥府神としては、焔摩天と同体とする説がある。密教では十二天や八方天などの天部の護法神の一つであるが、密教以前は古いインドの夜摩神である。

焔摩天はまたの名を「死王」あるいは「黄泉国善賀羅王」と呼ぶが、これには次のような面白い説がある。

すなわち、焔摩天は人類の始祖の子であるが、人類として初めて冥界への道を発見して人類初の死者となり、住所を天上界の楽土から下界に移し、もっぱら死者の生前の行為に従って賞罰を与える神――すなわち、一般に知られる閻魔大王になったというのである。

――以上のことを書きながら、わたしの脳裏には常に、曽ては一大王国を築きながら、天孫族との国争いに敗れて山陰の海中に没して、日隈《ひのくま》の冥府神と化した大国主命のことが去来し続けていたのである。

須佐之男命が象徴するもの

大黒天については『七福神物語』に詳述しているので、これ以上の解説は避けたいが、実は一見相反するような大黒天の戦闘神、財福神、冥府神の三性格が象徴しているのは生命の働きである。

そして、それを端的に表現しているのが、大黒天のルーツであるインド教である。

インド教（ヒンドゥ教）はインド古来の民間信仰を含めて展開しつつ、神々の讃歌を集成したリグヴェーダをもとに四世紀以降に成立した多神教だといわれ、自然現象や自然物を神格化して、古くは太陽神や雷電神、風雨神、火神などが有名であるが、後にブラフマーを世界創造神、ヴィシュヌ神を世界維持神、シヴァ神を世界破壊神として、この三神一体を基調にして、更にそれぞれに配偶の女神を配している。

インド教の基本神ともいうべきこの三神は、それぞれ異なる性質の別神・独神《ひとりがみ》として独立はしているものの、よくよく考えてみると、これは決して別個の存在ではなく、生命の三様相が象徴されていることが判るのである。

すなわち、生命本然の働きとして、生み（創造）育て（維持）、そして時に破壊の衝動に駆られるのであり、インド教では自然の営みのなかにこの生命の三様相を観じているのである。

そして、大乗仏教の究極ともいうべき「煩悩即菩提」の真理（教え）の背後にも、このインド教の思想が秘められているのではないかと思われるのであるが、同時に『古事記』にもその影響が強く感じられるのである。

例えば、出雲神話の「八俣《やまた》の大蛇《おろち》」の物語はどうか。

福徳慈愛の神大黒天がインド教の破壊神シヴァの化身とされるように、「稲羽の素兎」の物語に象徴される慈愛の神大国主命は、日本の破壊神の象徴のような須佐之男命の子とされている。

では、須佐之男命に象徴されているのは何か。彼はたんなる破壊神であったのか。『古事記』は次のように物語っている。

すなわち、火之夜芸速男《ひのやぎはやを》、火之炫毗古《ひのかがびこ》、火之迦具土《ひのかぐつち》等の火の神を生んだために「みほと炙《や》かえて病み臥《こ》やせり」――すなわち女陰《ほと》を焼かれて死んだ妻の伊耶那美《いざなみ》を慕って黄泉国に行き、変わり果てた妻の姿に驚き、黄泉醜女《よもつしこめ》に追われて逃げ帰った伊耶那岐が、筑紫の日向で禊祓《みそぎはらい》をしたところ神々が生じ、最後に三柱の尊い神が誕生する。

その三神とはすなわち天照大神、月読命《つくよみのみこと》、須佐之男命であるが、物語のこの部分、すなわち火の神を生んで伊耶那美が死に、禊祓によって三人の神が新たに生まれるという物語には、後に触れる「天の岩戸」の物語とともに、唯物史観的には「歴史の剽窃」が暗示されているようである。後に詳しく論じたい。

ところで伊耶那岐は、新しく生まれた三柱の神にそれぞれの役目を命じる。すなわち天照大神は天上界を、月読命は夜の世界を、須佐之男命は海原を、それぞれ支配することに定められるのであるが、謂わばこの三神が日本神話の三大基本神ともいうべき存在であり、ここにインド教の三大基本神と類似の世界観・生命観を見ることが出来るのである。

すなわち、天上界の支配者天照大神は太陽にたとえられているように、生命の始源たる理念であり根本大生命であり、海の支配者須佐之男は、この地球に於ける生命の物質化・現象化――すなわち地球次元の生命体の誕生を象徴しており、そして夜の世界とは常夜国《とこよのくに》すなわち闇黒、黄泉《よみ》の世界、死を意味しているように、月読命は地球生命体の死（消滅）を象徴しているのである。

では何故に、地球上の生命体の産みの親である須佐之男は、根本大生命である姉の天照大神に反逆して天上界を追われた破壊神とされているのであるか。わたしはここに煩悩こそが生命体の産みの親であることが象徴されていると思うのである。

『古事記』は曰う。――海の支配者にされた須佐之男命は、それが不服で毎日泣いて暮らしたが、伊耶那岐はそんな須佐之男を怒って追放する。そこで須佐之男は姉の天照大神に暇乞いのために天上界にのぼるが、そののぼり方が余りにも激しかったため、天照は国を奪われるのではないかと心配し、その誤解を解くために須佐之男は神を生んで身の潔白を証明する。

然し、須佐之男は潔白が証明された喜びの余り天上で乱暴を働き、怒った天照は天の岩戸に隠れ、須佐之男は罰を負わされて天上界――すなわち神の世界から追放されるのである。

そして『古事記』は次のように述べている。

「かれ、避け追はえて出雲の国の肥の河上、名は鳥髪という地に降りましき。この時に、箸その河より流れ下りき。ここに須佐之男命、人その河上にありとおもほして、尋ね覓《ま》ぎ上り往きしかば、老夫《おきな》と老女《おみな》と二人ありて、童女《おとめ》を中に置きて泣けり」と。

ここに叙述されているのは、生命来生の謎である。すなわち須佐之男命に象徴されているのは煩悩であり、彼が天上界を追放されたというのは、天なる生命が煩悩として地上に来生したことを意味している。

そして彼が肥の河上に下りたということは、水は物質化・現象化の始原であるとともに、河はこの国土（物質世界）の形成者であることを暗示しているのであろう。

更にまた「肥の河」とは肥沃なる土壌を形成する河の意味であると同時に、火の河でもあり、火山の噴火や落雷などの火によって造られた河であることも意味しているのであろう。詳しくは本章で触れたい。

そして、河上より流れて来た箸は、人間生活の象徴であるとともに、異界（霊界・神）此処では天上界と現世（人間界）とを繋ぐ橋をも意味しているのであり、ここには須佐之男の天上界追放劇が実は、眼に見えざる霊的存在である理念（神）が、煩悩欲心によって人間となってこの世に誕生したことが象徴されているのである。

同時にまた、自然現象的には、天上界に於ける須佐之男の乱暴狼藉は暴風雨や火山の噴火、落雷等を暗示しているのであるに違いない。

落雷等による火柱によって燃え熾った森林は、やがて沛然たる豪雨に押し流され、豪雨はまた河川に溢れ、大洪水となって人命を奪い、田畑・人家を呑み込みもするが、肥沃なる土壌も造成する「肥の河」ともなるのであり、「八俣の大蛇」がそれを物語っているのである。

須佐之男命が海原の支配を命ぜられたというのは、海は産《う》み——すなわち、この地球に於ける生命体発生の場所であるとともに、水こそが物質化のはじまりであることを考えるとき、天上界の理念が須佐之男という煩悩によって、水となって現象したことが象徴されているようである。

確かに水は、わたしたちが目にすることの出来る最初の物質であるとともに、河川の流れとなって海に注ぎ、水蒸気として上昇して雲となり、雨となって地上に降り灌ぎながら天と地と海を循環しつつこの世界を形成しているのである。

では、水となって地上に降り灌いで来た——すなわち人間界に降りて来た生命の煩悩たる須佐之男は、そこで何を見たのか。それはまさしく、煩悩のままに八俣の大蛇となって暴れ狂う自らの姿にほかならなかったのである。

水の恐怖——大蛇

須佐之男は訊いた。「お前たちは何故泣くのか」と。老夫《おきな》は答える。

「あは（吾は）、国つ神大山津見《おおやまつみ》の神の子ぞ。わが名は足名椎《あしなづち》といひ、妻が名は手名椎《てなづち》といひ、女が名は櫛名田比売《くしなだひめ》といふ。わが女《むすめ》は本より八稚女《やおとめ》ありしを、この、高志の八俣《やまた》のをろち年ごとに来て喫《くら》へり。その目は赤かがちのごとくして、身一つに八頭《やがしら》・八尾あり。また、その身に、蘿《ひかげ》と檜《ひ》と椙《すぎ》と生ひ、その長《たけ》は、谿八谷《たにやたに》、峡八峡《おやお》に度りて、その腹を見れば、ことごとく常に血に爛れてあり」と。

ここで注目すべきは「高志の八俣のをろち」という表現である。後世八俣のおろちは、八俣の大蛇《おろち》と表現されるようになったため、大蛇として定着してしまっているが、実はこの「おろち」とは河川の氾濫であり、「高志」という言葉がそれを暗示しているのである。

国語学者の説では、この高志は「越」で、本来山河を越してゆくという意味であるから、出雲地方から遙かに山河を越えた北陸地方を意味するというが、この物語の性質を考えると、き、越しは越える――すなわち、河川の水や湖水が豪雨によって貯水の限界を越して氾濫することでなければならない。それを裏づけてくれるのが「おろち」という呼称である。

「おろち」のおは尾、ろは接尾語で、ちは霊を意味する。従って普通にはおろちは「尾の精霊」と解されている。然し「その長《たけ》は谿八谷、峡八峡《おやお》に度りて」という『古事記』の表現を考えれば、おろちのおは尾であるとともに峡《お》であり、峡の霊ということになる。

峡は山と山との峡（はざま）であり、窪地であり、水の貯まる処である。普段は水源地として田畑を潤す筈の峡の水が、堰を越し（高志）たとき八俣（幾筋にも岐《わか》れて）のおろちとなって、田畑や人家を襲うのである。

旧約聖書のアダムとイブの楽園追放にも、蛇は大地を代表する煩悩（悪役）として登場するが、ここで想起されるのが「尾根」という言葉である。尾根とは山頂と山頂をつなぐ峰筋であり、いわゆる山の背にあたる部分をさすが、大地を蛇身とみるとき、山頂を頭とし、尾根を背とすれば、尾根裾の峡は尾に相当するのであり、そこから峡は尾に転訛したのであろう。山の峰筋を尾根と呼ぶことじたいに、山河・大地を蛇身とみた名残がとどめられているのであろう。

あるいは、水源地の峡や窪地に棲息する蛇を水や大地の精霊とみる古代人の信仰が、峡の水の氾濫を蛇の祟りや怒りとするところから、おろち即大蛇となったのかも知れない。

老夫《おきな》の足名椎は晩生《おくて》の稲の精霊、老女《おみな》の手名椎は早稲の精霊、童女《むすめ》の櫛名田比売は霊妙な稲田姫を意味するなどと、学者は解説している。然し、如何にも辻褄合せの苦しい解釈の観を否めないし、この解釈では八俣の大蛇の物語の意味が判然としなくなるのである。「高志」を北陸地方などと解釈したところから生じた無理ではないか。

櫛名田比売を「奇《く》しき稲田」――すなわち、みごとに耕作された美田だとすれば、その美田から生み出される稲を両親にたとえるのは不合理である。稲はむしろ田畑の子どもでなければならない。

櫛名田比売の両親とはすなわち、みごとな美田を造りあげた人間の農耕作業——労働でなければならず、それを暗示しているのが足名椎、手名椎という名である。

何故なら、労働を意味する言葉に「手足を使う」「手足を動かす」「手足を働かせる」などというのがあり、他人を働かせる場合にも「手足のように使う」「手足となる」というように、労働は手足に象徴されるからである。

八俣の大蛇に象徴されているのは、人間がその労働によって、営々として築き上げた美田に代表される現世的財福を、人命もろとも一瞬にして奪い去ってゆく大洪水の恐ろしい姿でなければならない。

そして、「その目は赤かがちのごとくして」という「赤かがち」とは、現在の酸漿《ほうずき》といわれているが、大地を蛇身にたとえるならば、眼は当然頭部たる山頂にある訳だから、恐らくこれは火山の噴火爆発か、あるいは落雷による出火を意味し、「その身に蘿と檜と椙と生い」という形容には、杉や檜などの大木の丈《たけ》を低くして逆巻く濁水の冠水状態、あるいは噴火や豪雨による山崩れによって、土砂とともに流れゆく大木の姿を連想させ、「その腹をみれば、ことごと常に血に爛れあり」とあるのは、腹は当然水底を意味するのだから、八俣の大蛇の尾から宝剣が出たことと関連して、冠水によって生じる砂鉄だとするのが定説になっているようであるが、この説には、鉄が最初から錆色をしているとする錯覚があるようであり、同時に、この解釈では、尾から出た剣を宝剣として「天叢雲剣《あめのむらくものつるぎ》（後の草薙剣《くさなぎのつるぎ》）」と名づけられた意味が不明となるのである。赤土（丹）のとけた濁水を意味しているのではないか。鉄の産地はまた丹の産地でもあった筈である。

神の復活による天地の調和

須佐之男命は、酒を飲ませて八俣の大蛇を退治し、櫛名田比売《くしなだひめ》と結婚するが、大蛇を退治した時にその尾から「天叢雲剣《あめのむらくものつるぎ》」が現れ、後に倭建命《やまとたける》（日本武尊）を野火の難から救ったことから「草薙剣」と改められて、皇位継承に不可欠の三種の神器の一つとなるのであるが、ここには神（理念・精神）の復活による天地の調和と、煩悩即菩提の仏教思想が象徴されている。

河川の氾濫である八俣の大蛇は、物質界の象徴であるとともに煩悩の象徴でもある。煩悩としてこの世に来生した生命は、水となって暴れ狂うのであるが、その暴れ水である八俣の大蛇を退治するのに、須佐之男命が酒を用いたということは、まことに象徴的である。何故なら、酒は神の象徴だからである。

古代、酒は生米を噛んで吐き出し、発酵させて造った。そこから醸造という言葉が生まれた。醸《か》むは噛むであり、噛みは神でもある。そしてまた、酒は人の心身を陽気にして、奏楽や舞（神楽）と同じように、人間の古里たる天（神）の悦楽境に遊ばせて、人をして神と一体化させるのであり、そこに神楽と同様、神酒の思想が生まれたのであろうが、古代（上代）人にとって酒は人と神とを結ぶ重要な役目をもつものと考えられていたのである。

その酒を大蛇に飲ませたということは、地の物質（水）に天の精神を加えたということであり、女の性（水）に男の性（火）を加えたことを意味し、それを象徴しているのが須佐之男命と櫛名田比売の結婚であろう。

天から来た須佐之男が、国つ神大山津見の神の子と結ばれるということは、酒に象徴される神（精神）の復活によって、天と地が調和して国土が鎮《しず》まる（大蛇が退治される）ことを意味しているが、この場合、酒を飲ませたのが天の神（須佐之男命）であることに注目する必要がある。そこに秘められているのは、天の意志（理念・精神）を大地に注ぐということだからである。

ところでわたしは、大蛇の尾から現れた都牟羽《つむは》の大刀《たち》を「天叢雲剣《あめのむらくものつるぎ》」と名づけて宝剣とするところに、仏教の強い影響を想うのである。ここに象徴されているのは煩悩即菩提である。

大黒天の大黒（黒色）は欲望・欲念――すなわち煩悩を象徴するものであるが、その欲念は黒雲となって大水を雨ふらし、大地に洪水の難をもたらすが、然しまた欲望の黒雲が雨を降らさなければ万物は育たないという煩悩即菩提の思想が、ここにそのまま踏襲されているようである。

大洪水を意味する八俣の大蛇を切ったら、その尾から天叢雲剣が出てきたというが、天は雨であり、叢雲は集まり群がる雲――すなわち雨雲、黒雲であり、いうならば、八俣の大蛇を生み出した煩悩欲望の象徴であるにもかかわらず、これなくしては、宝剣に象徴される正義（菩提）も得られないということである。

天叢雲は確かに地上に大水を注いで、八俣の大蛇という大洪水をもたらした。それは人家を流し人命を呑み込み美田を奪った。

然し同時に、洪水は肥沃な土壌を運び、砂鉄をもたらし、それによって製鉄技術をも発達させ、河川や湖による治水の方法をも教えたに違いない。

アフリカ大陸中央部に源を発し、エジプトを貫流して地中海に注ぐ世界第一の大河〝母なるナイル〟が、毎年六月から十月にかけて定期的に増水氾濫をくり返して肥沃な沖積土を堆積しつつ、この治水灌漑のための文明と政治社会を古代エジプトに築き上げたように、八俣の大蛇もまた、さまざまな文明を生んだに違いない。

天叢雲剣に象徴されているのは、煩悩によって生まれた文明と、その文明をして正しく発達させるところの正義の理念（天の意志）に他ならないのである。

そして、それは須佐之男命一身に具現されている真理でもある。

すなわち彼は煩悩の故に天上界（すなわち神の世界）を追われて、人間界へ下生した。だが、そのためにこそ彼は酒という神の理念をもって、この世の不幸を救うことが出来たのである。まさしく彼は一身に煩悩即菩提の仏教の神髄を具現しているのである。

これでも、仏教は古代史を彩ってはいないと言えるのであろうか――。

本章　高天原への旅立ち

遠い記憶

わたしが、人間の脳と虚空との関係を憶《おも》うようになったのは、わたしの中に根強く生き続けている或る一つの記憶に対する疑問が原因であった。

人間の記憶というものが、自らの過去の経験の再認識——すなわち曽て自らが学んだ知識や、あるいは見聞した事象を再び想起することであるとするならば、わたしにはどうしても納得のゆかない遠い記憶がある。

それは、古代史に登場する熊襲梟帥《くまそたける》に関する記憶である。

実はわたしは、昭和五十年十月に初版を出した旧著『霊験』に次の一文を記している。

「佐賀市の西端に多布施川というのがある。筑紫山脈の一峰天山麓に源を発する川上川の一支流で、幅は十メートルにみたないが、川上猛の物語をはじめさまざまな民話と史実を秘める詩情豊かな清流である」と。

断わって置かなければならないが、この文章は、わたしの遠い日の記憶によって書いたもので、その後実際に多布施川を訪れてみて、その余りの川幅の狭さに驚いたものである。実際の川幅は五メートルもないのではないかと思う。

だが、この文章を書いた時のわたしの脳裏には、確かに次のような記憶があった。

すなわち、景行天皇の皇子小碓《おうす》尊の熊襲（九州）征伐に際して、女装した小碓尊に欺し討ちにされ、断末魔の苦痛のなかで小碓尊の武勇を讃えて自らの名を奉ったという熊襲梟帥の物語は、熊本地方の出来事のように記録され、伝承されているが、本当は熊襲梟帥は佐賀の奥地――すなわち川上川の上流に住んでいたのであり、そのために川の名をとってまたの名を川上猛というのである――と。

この話を何時、誰に聞いたのか、定かではない。遠い記憶である。そしてこの記憶が、何時か誰かに聞いたものであるとするならば、恐らく小・中学校の頃に、国語か歴史の教師からに違いないと思われるが、その記憶もわたしにはない。ただ、川上猛の物語の舞台は本当は佐賀の川上川の上流であったのだ――という記憶だけが残っている。

だが、それを裏づけるものは何処にも何一つとしてない。従って『古事記』も『日本書紀』も皇国史観の歴とした歴史書であった軍国時代に、歴史を歪曲するような、然も根拠も証明もない、いわゆる根も葉もないことを教師が生徒に教える訳がないのである。

では、川上猛（梟帥）と川上川という同名に基づく、わたしの勝手な思い込みに過ぎないのであろうか。

この記憶が何時の頃からわたしの脳裏に住みついていたのかは定かではなく、また、わたしが常日頃この物語を想起していた訳でもない。わたしの記憶では、二十年前の『霊験』執筆時に突然わが脳裏にこの記憶が蘇ったのが最初であったように思う。

本稿の構成上、これからいささか旧著に触れることになる。ご辛抱を乞いたい。

父の生涯を彩った奇瑞を描いた『霊験』はわたしの二作目であるが、『霊験』執筆当時のわたしには、殊更な古代史への関心などなかった。にも拘わらず何故、突然、川上猛の記憶——それも何ら根拠のない記憶が蘇ったのであろうか。以来、わたしの脳裏にはこの記憶が執拗に住みついている。

似たような記憶がほかにもある。だが、それに触れる前に、順序として先に触れて置きたいことがある。

『霊験』執筆から丁度十年後の昭和六十年秋、わたしは『観世音菩薩物語』を出したが、その後書きに『川上峡再訪』と題して、次のように記している。

いささか長文であり、また『観世音菩薩物語』をお読み頂いた方には重複で御迷惑とは思うが、今回の物語には少なからぬ関わりをもつものであるため、敢えて再録して置きたい。

「本書ははからずも、昭和五十年秋初版発行の『霊験』の続編ともいうべきものになった。

父の死が契機となった『霊験』執筆から十年――。大病（註・筆者の）を機に、父を通して現れた淀姫大明神の謎を追い求めるわが人生に展開した奇瑞によって感得された、父祖の霊と神仏と、そしてわが意識の底なる想念とが綾なす、神変不可思議なる生命の風光を描いたのが本書である。そして奇しくも今回は母の死が執筆の契機となった。

本書脱稿直後、身辺に一つの不思議な現象が起こった。父の死後十三年間危惧し続けてきた常在寺（註・筆者の実家、佐賀県塩田町）の裏山が、母の死を待っていたように崩壊したのである。

凄まじい土砂は、生前の父の居間であった方丈の壁を真っ二つに割りながら、壁に掛かっていた父の遺愛の不動明王の掛軸を破損することなく、まさに奇蹟のように其処で止まっていたのである。

高速道が佐賀まで延びたと聞き、七月、わたしは京都から車を走らせた。そしてはからずもその終点が『川上峡』だったのである。高速道を下りると其処は淀姫神社であった。

淀姫神社とは川上川をはさんで、実相院という真言宗の古刹が隣接している。実相院の名は、わたしの遠い記憶にも残っていた筈であるにも拘わらず、本書執筆に際して迂闊にもわたしはその存在を忘却していたのである。

そして、今は真言の名刹として佐賀県下屈指のこの寺こそ、淀姫神社の社僧円尋が開創した天台宗の神宮寺だったのであり、近くには山王という地名も残っていて、川上峡が天台の山王一実神道の地であったことを物語っていたのである。

そして更にわたしは、曽て吉祥寺（註・父の死後筆者が名目上住職となった寺、『霊験』の舞台の一つ）で、少年の日のわたしの面倒をみてくれた小森泰春尼（註・『霊験』に登場）が、何代か前の実相院住職の娘であったという記憶を呼び起こしたのである。

わたしが本書（註・『観世音菩薩物語』）に描いてきた天台宗から真言宗に変わった寺々や、そして母や明珠尼等の老女の導きなど、わが人生の背後に綾なした淀姫大明神にまつわる因縁の原点が、実はこの実相院にあったことを知らされたのである。

淀姫神社の拝殿の奥には、何時の時代のものとも知れぬ古びた扁額が掲げられて、そこには『火の国鎮守』と刻まれていた。

そして、わたしは何故か、その文字を眺めているうちに、ここの祭神に卑弥呼をだぶらせていたのである。そして同時に、わたしの胸中には、淀姫大明神の謎を求める新しい旅への予感が生まれていたのであった」と——。

旧著『霊験』『観世音菩薩物語』を読まれた方には重複し、そして旧著を読まれていない人には意味も事情も不明な固有名詞や事柄が出て来るこの文章を此処に掲出したのは、先にも述べたように、本稿に大変関わりが深いからであり、今は意味不明であるその一つ一つが、やがて解明されてくるように本稿を進めたいと考えている。

くどいようだが、この文章は、昭和六十年秋に初版を発行した『観世音菩薩物語』の「後書」である。

そしてその最後に「ここの祭神に卑弥呼をだぶらせていたのである。そして同時に、わたしの胸中には、淀姫大明神の謎を求める新しい旅への予感が生まれていた」と書き残しているところをみると、わたしの古代史への関心はこの時に生じたもののようである。

いや、この『観世音菩薩物語』を執筆することで、わたしは古代史——特に卑弥呼に関心を持つようになったというべきかも知れない。

わたしを淀姫大明神へ導いたのは父であった。では、卑弥呼へと導いたのは母であるというべきかも知れない。何故なら、母の死を機縁として執筆した『観世音菩薩物語』が、卑弥呼（古代史）への関心を誘発したからである。

邪馬台国にも比定されかねない弥生の大型環濠集落である「吉野ヶ里」遺跡はこの時、まだ発見されていなかった。

従って、古代史へのわたしの関心が、「吉野ヶ里」遺跡の発掘に触発されてのものでなかったことだけは確かである。

日隈山の記憶

佐賀県神崎郡の神崎・三田川両町の境界に位置する大型環濠弥生遺跡の発見が報道されたのは、それから四年後の平成元年春であった。

初の大規模弥生中期の環濠集落と墳丘墓、特に『魏志倭人伝』に記載されている女王卑弥呼の宮室にあるという楼観（物見櫓）跡の発掘に、もしや邪馬台国では？と、九州は吉野ヶ里フィーバーが起こった。

連日、新聞・テレビに報道される吉野ヶ里フィーバーぶりを横目に、何時現地を訪れようかと思案しながら、わたしは地図の上に吉野ヶ里を探し続けた。

遺跡の見学者は一日に何万人という数で、それが連日である。そんな群衆のなかで、掘り返された穴ボコを見て廻っても、考古学者でもないわたしには何も得るところはなく、疲れ果てるに違いないことは火を見るよりも明らかであった。

吉野ヶ里フィーバーの終焉を待ちながら地図を眺めるわたしの脳裏には、その時すでに「日隈山《ひのくま》」が浮かんでいた。

わたしの、少年時代の遠い記憶では、神崎といえば日隈山であり、三田川といえばあの無気味な空襲警報のサイレンであった。ともに戦争の記憶である。

太平洋戦争末期の遠足は「行軍」という名称で、梅干しだけの「日の丸弁当」をもって日隈山に登ったものである。そして三田川といえば、蘇ってくるのは、グラマン迎撃に飛び立っては黒煙を曳きながら木の葉のように舞い落ちてくる木製の複葉練習機であった。此処には特攻基地があると噂されていた。

小学生の頃から実家を離れて人に預けられていたわたしは、家が恋しくてたまらず、土曜日になると入手困難な汽車の切符を手に入れて両親の許に帰り、日曜日の夜遅くに下宿へ戻るのであるが、長い車中を立ち続け、漸く空席を得て腰を下ろした途端に眠ってしまい、当時はまさに野中にポツンと建っていたこの三田川駅まで乗り過ごし、吹き晒しの駅の待合室の固い木のベンチで、寒さに震えながら、終夜無気味な空襲警報のサイレンに脅え続けた記憶がある。

わたしが地図上に見当をつけた辺りには、「田道ヶ里」や「野目ヶ里」など「ヶ里」のつく地名はあったが、吉野ヶ里の名は地図上に見ることが出来なかった。

然しわたしは、九州北西部の分水嶺をなす背振山塊のなかでも、最も有明海側の平野部に一つだけはみ出したように位置している日隈山の辺りに違いないと予想した。予想したというよりは、そうであって欲しいという期待であったかも知れない。

その楼観跡などから吉野ヶ里は邪馬台国跡ではないかという話題は、むしろわたしにはショックでさえあった。何故なら、わたしの胸中には、邪馬台国佐賀説が秘められていたからである。

わたしは先に、『霊験』執筆時のわたしには殊更な古代史への関心はなかったと述べたが、邪馬台国には関心が全くない訳ではなかった。

盲目の作家宮崎康平氏の『まぼろしの邪馬台国』に感動した青年時代、心の奥深くには関心があったのかも知れない。

然し佐賀にこそ邪馬台国があったに違いないと思うようになったのは、淀姫大明神の奇瑞を受けてからであるに違いない。わたしは何時とはなしに、無意識裡に、淀姫大明神と卑弥呼とをだぶらせていたのかも知れない。

だが、わが胸中に秘め続けてきた邪馬台国は、同じ佐賀でも、吉野ヶ里からはもう少し西にずれた川上峡の更に上流一帯であった。

勿論、ずれているといっても二、三里（定かではない）位だから、同じ地域といえないこともないが、吉野ヶ里が邪馬台国であるということになれば、興味は半減するのである。

邪馬台国は発見されないからこそロマンを誘い、情熱を掻き立てるのである。然もわたしのように考古学者でも歴史学者でも国文学者でもない単なる物好きにとっては、自らを制約する何ものもないだけに、邪馬台国探しにロマンを感じるのである。

特にわたしの場合は単なる邪馬台国探しではなく、邪馬台国探しは同時に淀姫大明神の古里を尋ねる旅でもあり、邪馬台国の発見は、わたしの旅路の終わりをも意味していた。


吉野ヶ里を訪れる機会は意外に早くやって来た。

四月十九日から三日間に亘って博多駅前の全日空ホテルで朝日新聞社主催の国際シンポジウム「古代日本の国際化」が行われ、有難いことに三日間通しで招待を受けた。

そして、その会場で買い求めた佐賀新聞社の、『邪馬台国が見えた！　吉野ヶ里王国』と題する写真集の中に「ミステリーゾーン日吉神社」という見出しの、森に包まれた小さな神社の写真を見たのである。

その写真には「古代の森に古墳と支石墳」と題して次のような解説が付してあった。

「墳丘墓から西へ約百五十メートル、そこに、木立に囲まれたもう一つのミステリー・ゾーンがある。小道を挟んで墳丘墓と向かい合う日吉神社の一画。県教委の遺跡確認調査では、朝鮮渡来系の支石墳のふた石と考えられるへん平な石二個と三基の古墳が見つかっている。

こうした遺構は弥生時代から古墳時代にかけての有力な部族連合の存在と活発な大陸との交

流をうかがわせ、考古学者は重大な関心を寄せ、古代史ファンはなぞ解きの興味をかきたてている」と。

然し、吉野ヶ里遺跡を訪れて現地に立ってみるまでは、わたしはこの小さな神社にさして関心は誘われなかった。何故なら、日吉神社は比叡山の山王一実神道を意味するもので、この地方が天台宗の勢力下にあったことを物語るに過ぎないと思ったからである。

遺跡が発見されると、その辺りの一木一草までが何かいわくありげに見えてくるものである。例によって新聞が興味本位に人騒がせなことを——と、そんな想いが脳裏を横切《よぎ》っただけであった。


吉野ヶ里遺跡は想像通り日隈山のすぐ近くにあった。

九州は異常な暑さが続いていた。その暑さのなか、わたしは二度遺跡を訪れた。最初は九州在住の弟の車で訪れたが、かっと照りつける太陽の下、畦をひろげた急ごしらえの埃っぽい道にひしめく人と車に辟易して、駐車する場所も見当たらないまま、遠景をカメラにおさめただけで、博多のシンポジウム会場へ向かった。

二度目に訪れた時には見学者も幾分少なく、名刺を出すと快く報道関係駐車場へ案内してくれた。

低い丘陵地帯の遺跡に立つと、野を渡る微風が心地よかった。

遺跡は、北の背振山地から南へ、広々とした佐賀平野の中を帯状に伸びる低い丘陵のほぼ中間あたりにあって、南側に倉庫群や物見櫓等の柱穴があり、墳丘墓はその北側に、ちょうど長い帯を曲げたように倉庫群とは東西に少しずれた位置にあった。

すなわち、墳丘墓は東寄りにずれていて、そのずれる原因をなしているのが、日吉神社の森だったのである。

従って、倉庫群のある場所から北方へ真直ぐに歩いてくると、いやでも日吉神社の鳥居の前に立つことになる。そしてわたしは驚いた。

墳丘墓は立ち入り禁止であった。だから、わたしは鳥居の前に立って東側を見た。王を葬ったといわれる墳丘墓が目の前に迫っていた。

そして、西を見ると、神社の木立を透して日隈山が、西郷富士と呼ばれるその優美な姿を真正面に見せていたのである。それはまさしく神奈備山の姿であった。わたしの記憶のなかでは、日隈山は「日隈神社」の名とともにあった。

日吉神社の鳥居の前に立つと、東から墳丘墓、日吉神社、日隈山は、まさに陽の出る方角から陽の沈む方角へと一直線に並んでいたのである。従って当然日隈山には神社がなければならなかった。

だが、遺跡で車を誘導してくれた警備員は、「日隈山にそぎゃな（そのような）神社はなかとですよ」と答えた。わたしは狐につままれたような気持ちであった。

日隈山は、少年の日に「遠足」ならぬ「行軍」でよく登らされた記憶とともにあった。そして、その日隈山は「日隈神社」の名とともに記憶のなかにあった。本当に、現実に日隈山に神社が無いのであれば、わたしの遠い遠い記憶の中から何故に「日隈神社」などという名称が蘇って来たのであろうか。

あるいは、日隈山への行軍の途中に、この日吉神社を通るか立ち寄るかして、それが日隈山の記憶と一緒になってしまったのであろうか――。

いや、そんな筈はなかった。日吉神社のたたずまいは記憶には全く無いものであり、然もわたしが通っていた小学校から日隈山への道筋から考えても、決して日吉神社の前を通ったり、立ち寄ったりする筈はなかったと思う。

日隈神社の名は、冒頭に述べた川上猛（熊襲梟帥）とともに、わたし自身が疑問とせざるを得ないわたしの遠い遠い記憶である。

虚空こそ稗田阿礼

人間には思い込み、錯覚というものがある。だから、わたしのこの二つの記憶も、勝手な思い込み、記憶違いの可能性は強い。

わたしは決して、この二つの謎の記憶を材料にして殊更なる神秘物語を創作しようとするものではない。わたしの勝手な思い込み、記憶違いであれば、それはそれでいいのであるが、この二つの謎の記憶を通してわたしは、人間の脳の不思議に想いを致さざるを得なかったのである。

何故なら、この二つの記憶は、わたしが追い求め続けている淀姫大明神の謎と余りにも関わりが深く、まさに淀姫大明神の謎を解明するための道標《みちしるべ》の観をなすものだからである。

曽て『記紀』に記録されている神話は歴史であった。わたしたちは歴史として教えられた。だが、第二次大戦敗戦後神話の歴史性は否定された。それはそれでいい。然し歴史ではない荒唐無稽な神話は捨てて顧みなくていいのだ——ということになってはいけないと思う。

『国語辞典』によると、歴史とは「人間社会が経て来た流動・変遷の姿。その記録」とあるが、歴史には形而上と形而下の二種類がある筈であり、神話は形而上の歴史であり、形而下――すなわち史実としての歴史の原点となった精神（理念）の史書ではないかと考えるのである。

先にわたしは、稗田阿礼は仏教思想の擬人化であると論じたが、同時に、稗田阿礼は人びとの深層意識の擬人化ではないかとも考えている。

『古事記』は語り部の稗田阿礼が語り伝えたものを、太安萬侶が執筆・編纂したものとされているが、語り部が語り継ぐものとは、人びとの記憶であり、記憶とは、深層意識下に記録されている知識や想念であるに違いない。そして深層意識下に於いては、人びとの想念は互いに相通じ合っているのではないか。

仏教は「三界」を説く。いわゆる欲界・色界・無色界であり、難しい解説がなされているが、これらの存在がわたしたちの現実生活に如何なる影響があるのかと、長い間疑問であったが、これを深層意識の世界だとすれば納得することも多い。

例えば、菩提樹下に成道を遂げたものの、自らが悟り得た内容を人語をもって説くことの不可能を知り、転法輪を断念された釈尊に、三度に亘って説法を勧請した梵天は、色界初禅天の王というが、これを深層意識（あるいは更に深い意識か）からの要請と解すれば、理解出来ないことではない。勿論、仏教を自らの常識次元に引き下ろして理解すべきではないが――。

だが、これは犬などのペットを飼っている人には痛感されていることであるが、言葉はなくとも犬には飼主の気持ちが通じるものである。

生類の想念・意識は肉体的・表層的あるいはこの世的な限界の奥に無限の層をもち、そして互いに感応し合っているのではないか。でなければ「加持感応」の世界などあり得る訳がない。

虚空蔵求聞持法というのがある。弘法大師の『三教指帰』には、行者もしこの法を修すれば「一切の教法の文義を暗記することを得」とある。

そのため求聞持法は頭脳明晰法のように思われているが、わたしたちが考えている頭脳明晰というものが、英語の単語を暗記したように、勉強したものを覚え込む能力の優秀さ、いわゆる抜群の記憶力を意味するのであれば、求聞持法を頭脳明晰法だと心得るのは大変な誤解である。

何故なら「一切の教法の文義」とあるのだから、大小乗・顕密二教の仏教各宗は勿論、あらゆる教法ということになるが、わたしたちの短い人生では暗記するどころか、学ぶことさえ不可能だからである。

そして、ここに思いを致すときに痛切に憶《おも》われてくるのが「加持」の尊さである。

『理趣経』は冒頭次のように説いている。

「是くの如く我れ聞く。一時、薄伽梵は殊勝なる一切如来の金剛加持の三摩耶智を成就して、すでに一切如来の灌頂宝冠を得て、三界の主となり給う」と。

『理趣経』は、わたしたち真言僧が朝暮の勤行は勿論、葬式法事等々一切の仏事に読誦する経典でありながら、密教経典特有の大変難しい解説の故に、深遠幽玄なる密教教理に対する深い造詣がなければ極めて難解な経典であるように思われる一方では、低次の愛欲肯定のお経のように誤解されてもいるが、大衆の救いを説く筈の仏典が果たしてそれでいいのであろうか。

専門的な教義や数知れぬ仏・菩薩名を羅列して、極めて難解そうに解説されている経典も、実は無心に素直に読めば（即ち経典冒頭の「是くの如く我れ聞く」はこれを意味している）意外と平易に判り易く真理が説かれているのではあるまいか。

いま掲出した『理趣経』冒頭の一句をわたしは次のように理解している。

「薄伽梵」は世尊、「殊勝なる一切如来」は文字通り殊に勝れた一切の如来、「金剛」は永遠に不壊なること、「加持」は感応道交、すなわち互入・互融、「三摩耶」は誓願・誓約、では「三摩耶智」は誓願とする智慧。

従ってわたしは、「殊勝なる一切如来の金剛加持の三摩耶智」とは、難しい教義に関わりなく素直に直訳すれば、「殊に勝れた一切の如来の、永遠に衆生に加持感応することを誓願とする智慧」というように領解させて頂いて、有難く感じているのである。

逆にいえば、自らが体得したところの智慧（悟りの内容）を、永遠に衆生に加持することを誓願とする如来こそが殊勝なる如来と名づけられるということであろうか。

『理趣経』は続ける。

「すでに一切如来の灌頂宝冠を得て、三界の主となり給う」と。

すなわち世尊（毘盧遮那仏）は、殊勝なる一切如来の、永遠に衆生に加持感応することを誓願とする智慧を成就して――すなわち一切如来のその智慧を衆生に灌ぐ能力を身につけて、三界の主となり給うた――というのである。

毘盧遮那仏（大日如来）の美しい宝冠はすなわち灌頂宝冠であり、一切の殊勝なる如来の智慧（それはとりも直さず大日如来の五智に極まるのであるが）を衆生に灌ぎ加持感応する能力を象徴しているのである。

この故にこそ、大日如来在《ましま》す限り、わたしたちは大日如来の神変加持力によって、殊勝なる一切如来の金剛加持の三摩耶智を戴くことが出来るのである。

では、その智慧は何処に蔵されているのであるか。すなわち虚空にであり、これを虚空蔵と名づけ、この虚空に蔵されている智慧を衆生に灌ぐ大日如来の作用を司る菩薩が虚空蔵菩薩である。菩薩とは、如来がこの世に下りて来た姿であり、如来の衆生救済の働きに名づけるものである。

では「虚空蔵求聞持法」とはその名の如く、虚空に蔵されているところの一切如来の三摩耶智を求めて聞持する法というのであって、そのために最も不可欠のものは、教義等に対する知識ではなくして、大日如来（虚空蔵菩薩）に加持感応するにふさわしい誠意と慈悲心を持つことでなければならない。

何故なら、菩薩道の象徴たる六波羅蜜が、布施に始まって智慧（般若）に極まるのは、布施——すなわち慈悲こそが智慧（三摩耶智）に加持感応するものであることを示しているからである。

評論家の故亀井勝一郎に「歴史とは悲願の堆積」という言葉があるが、一切如来の智慧のなかには、先徳たちが体得した智慧や行の功徳等も、そして先人たちが残した悲願も悉くが包含されている筈であり、それら人語を以ては言い尽くし、表現し尽くし得ない意識・想念等々の内容を、いまは仮に深層意識と表現しているに過ぎない。従って、ここにいう深層意識は、心理学にいうところのものとは聊《いささ》か性質を異にするものである。

多言を弄した。然しここにわたしが言わんとするものは、人語を以ては百万言を費しても なお正確には表現し得ないと思う。まさに『観音経』にいう「歴劫不思議」であるが、要するに、わたしたちの脳裏に蘇ってくる記憶は、必ずしも自らの過去の経験の再認識や、自らが学んだ知識のみに限定されるものでなく、時には時空を超えて遠い遠い過去の他の人びとの経験や知識、情念等々が脳裏に蘇ってくることがあるに違いないということである。

では、一切如来の智慧や先人たちが体得した内容、そして果たし得なかった悲願等々の一切を蔵する虚空こそが、歴史の語り部たる稗田阿礼でなければならない。

書かれざる真実

長い間、日本の最初の歴史書とされて来た『古事記』は、稗田阿礼が語り伝えたものを太安萬侶が文字化したとされる。そこに暗示されているのは、稗田阿礼までは真実の世界（深層意識）であり、太安萬侶からは必ずしも真実ならざる世界（現象界）ということである。

『記紀』が時の権力によって歪曲、捏造がなされていることは確かであろう。歴史書とはそういうものであり、時の権力の意向が反映されないことはない。執筆・編纂者もまた権力の意向にとかく阿《おもね》るものであり、権力者によって指名された執筆者・編纂者はなお更であろう。

わたしは先頃、十年以上の歳月を要して『真言宗百年余話《こぼればなし》』を刊行したが、これは、わたしが主筆をつとめる真言宗の機関誌『六大新報』の創刊百周年を記念して、『六大新報』の記事に基づいて執筆し編纂した真言宗百年の歴史書である。

然し、飽くまでもこれを『真言宗百年史』とせずに『余話』としたのは、『六大新報』の記事が何時の時代にも正確・公平であるとは限らないからである。

勿論、新聞発行事業に携わる者として、自らは常に記事の正確・公平を期しており、更にまた『六大新報』の先徳に対しては、後輩としてその正義と公平とを疑うものではないが、人は時に誤りを犯すものであり、時に感情に流されて公平を失うこと無きにしも非ずである。

『真言宗百年余話』執筆中、わたしの脳裏に去来し続けたのはこの想いであった。従ってわたしは、『六大新報』の記事によって真言宗の歴史を編纂したのではなく、歴史の参考書を編纂したつもりである。

閑話休題《それはさておき》――。

書き表されたものに虚飾・歪曲・捏造はつきものである。それは真実が文字や言語というものによっては、表現し得るものではないということである。従って、この世に記録されているものに真実はないのではないか。真実を純粋の語に置き換えるならば、この相対世界に百パーセントの純粋がないようにである。純金もまた聊《いささ》かの不純物を含むものである。

わたしは、『記紀』という日本の歴史書が、先ず神話から始まっているのは、実はそのことを暗示しているのではないかと思う。

神話は、これを歴史と見る時にはまことに荒唐無稽である。だが、それは、文字や言葉として——すなわち、この世的なるものによって表現し得ざる性質の真実を、この世的なるものや手段によって表現することの滑稽さを、神話じたいが教えているのではないか。

然し、その荒唐無稽と思われるもののなかに隠されている真実をわたしたちは見失ってはならないと思う。

如何に時の権力が、あるいは記録者じたいが真実を歪曲・捏造しようと、虚空に一切如来の三摩耶智や、真実を伝えんとする先人たちの悲願が蔵されている限り、歴史の嘘は何時か必ず正される時が来る筈である。いま古代史ブームのなかで、それが始まっているのではないか。

神話は決して、日本の天皇家が神の子孫であったという皇国史観のために捏造されたものではあるまい。

神話は歴史の深層意識であり、そこにこそ真実が隠されている筈である。その真実を求めてわたしは、これから神話の世界へ旅立ちたいと考えている。何時の頃からかわたしの脳裏には、幻の高天原を尋ねて奥山へ踏み入るわたし自身の幻影が焼きついている。

古き温泉《いでゆ》の里に

ＪＲ長崎本線佐賀駅から北へ約二十キロ、バスで五十分ばかり走ったところに、佐賀と福岡の県境をなす天山・背振山塊があり、その山懐に抱かれるようにして「古湯」という温泉地がある。

昔は、渓谷沿いの静かな山の湯治場に過ぎなかったようだが、昭和三十一年九月に三村が合併し、翌三十二年には八年の歳月と十八億円の工費をかけた「北山ダム」が完成すると、周囲四十キロのこの人造湖を中心に「背振北山県立自然公園」に指定され、「緑と水の冒険王国」をキャッチフレーズの「県民の森」や、北山国民休養地などが設定され、公立のさまざまなレクリエーション施設が設けられ、夏場は殊に若者が集まるようになると、この古湯温泉もまた昭和四十一年に国民保養温泉地の指定を受けて脚光を浴びてきている。

その名の如く「古湯温泉」の歴史は古い。孝霊天皇七十二年（四七七）に徐福によって発見されたとも、北山に住む一人の翁が霊夢によって発見したとも伝えられている。

その後天正と元禄の二度に亘って埋没しているが、最初の時には淀姫神社の神宮寺実相院の住持清仲律師が霊夢によって再掘し、二度目の時は寛政二年に庄屋の稲口三右衛門が、鶴の遊ぶのを見て発掘したと伝え、このため「鶴霊温泉」とも呼ばれている（人文社刊『郷土資料事典』に拠る）。

また此処には明治の天才画家青木繁が一ヶ月間滞在して作品「浴女」を制作し、歌人の斎藤茂吉が大正九年初秋に約三週間病後の静養をしているが、最近また、一人の有名作家がこの地に移り住んでいる。笹沢佐保氏である。

風の噂に、作家の笹沢佐保氏が古湯温泉のある佐賀県富士町に移り住んだということを耳にしたのは、何時のことだったか――。

その時わたしは、わが耳を疑うと同時に、大変な衝撃を覚えたものである。あの、多作で知られる有名作家が一体何の目的で、如何に温泉地とはいえ、富士町のような山間の僻地に居を構えたのであろうか。

東京在住の人気作家が、佐賀県のような地方の、然も冬場は雪に閉ざされて外出もままならないような山間の温泉地に居を移した最大の理由として、先ず考えられることは、その地を舞台とする作品の執筆であった。そのための調査であるに違いないと、わたしは考えたのである。

その経緯については後で触れるが、そしてそれがこの物語の原点（出発点）でもあるが、わたしは二十年来、五月になると、わが実家である佐賀県藤津郡塩田町の常在寺への帰郷を続けている。境内に祀る鎮守「塩田大明神」への参詣のためであるが、笹沢氏の富士町移住を耳にした年のことであったが、久しぶりに帰った常在寺でわたしは、留守を預かる姉に、笹沢氏がこの寺を取材のために訪ねて来ていたことを知らされたのである。

一年ぶりの帰郷であれば、話題は必然的にこの寺の一年間の消息となる。そして突然、思い出したように姉が「あんた、笹沢佐保て知っている？」と言ったとき、一瞬、わたしは息を呑む思いであった。

彼女は「木枯し紋次郎」は知っていても、作者の笹沢佐保は知らなかったのかも知れない。彼はきちんとネクタイを締めたスーツ姿のサラリーマン風で、とても小説家には見えなかった、という姉の意識のなかには、文士といわれた時代の蓬髪・着流しの小説家のイメージが残っていたのであろう。

笹沢氏は名刺を出して、常在寺に残る和泉式部の伝説について聞きたいと言ったそうであるが、世事にはうとい姉のこと、けんもほろろの挨拶であったに違いない。

恐らく笹沢氏はとりつくしまもなかったのであろう。現在執筆中の作品が刊行されたら差し上げる——と言って引き上げたそうである。

「結局、本は送って来なかったよ。でもその時、常在寺と和泉式部との関係が、何かの本に出ていると言ってたけど――」と、姉は言った。

誰かに『日本伝説大系』（みずうみ書房刊）の第十三巻北九州（福岡・大分・佐賀・長崎）篇に、和泉式部の項として常在寺の名が見え、和泉式部が塩田町の生まれであるという伝説が記録されている。従って笹沢氏が和泉式部を題材とする作品と取り組んでいるのは確かであるに違いない。だが、わたしの心の中の不安は消えなかった。

笹沢氏の佐賀県富士町移住を知ってから、テレビドラマに佐賀県ものが多くなったような気がした。推理ものでも殺しの現場が嬉野温泉や有田町で、捜査担当が佐賀県警の敏腕刑事であったり――。

そういえば、今年の常在寺詣りの帰路、長崎本線肥前鹿島駅で、博多行き特急「かもめ」を待っていたわたしは、テレビで見たことのある若い男優と一緒になった。

「あんたは有名な男優さんだね」

「はあー、有名ではありませんが――」

「そんなことはない。わたしが知っているぐらいだから、有名だよ」

「そうですか。どちらへ？」

「京都へ帰っているところです」

「そうですか、京都ですか」

と、作務衣姿のわたしを見て彼は如何にも合点している風であったが、電車が来ると、彼は人眼を忍ぶような様子で、グリーン席とは別の指定席に乗り込んだ。

グリーン車にはトイレが無かった。トイレに立ったわたしは、指定席の一番前部席、すなわち最も人目に触れ難い席に彼が背を丸めるように小さくなっているのに気づき、俳優業も大変だなと思ったのである。

京都に帰って暫く経った頃、わたしは何気なく見ていたテレビ番組のなかに彼の顔を見た。矢張り佐賀県警が活躍する殺人事件で、彼は警部の役であり、ドラマの作者は笹沢佐保氏であった。

そのような或る日偶然にもわたしは、テレビで富士町の笹沢邸を見たのである。

人気作家の佐賀県富士町移住の目的は、やはりマスコミにも関心事であったのだろう。放送局名は忘れたが、その番組は、俳優の武田鉄矢氏が富士町の笹沢邸を訪ねて、笹沢氏に移住の目的や日常生活などをインタビューするものであった。

その番組でわたしは、笹沢氏が癌に冒されている身であることを知り、病躯を感じさせないその旺盛な作家活動に感歎したのである。

彼は富士町移住の動機を、佐賀県下に於ける講演の折に知り合った医師に、今後の自らの健康を托すためである――というように語っていたように想う。

「この大きな欅の庭木がいいですね」と、武田鉄矢氏が言っていたように、笹沢宅は豪邸であった。そして、この有名作家は、山間僻地の豪邸での執筆三昧の生活を、「夜などは寂しくはないが、不気味だね」と述懐していた。

有名作家の富士町移住の目的は、表面上は飽くまでも健康管理であった。そして彼が構想している大作は、わたしの知る限りでは「和泉式部」であった。

だが、わたしには、どうしてもそれだけの理由での移住であるとは思われなかった。必ず別の理由、それも彼が新たに執筆を予定している物語の舞台が此処であるに違いない——と。そして、その物語が或いはわたしが長年に亘って温め続けて来たものと同じではないだろうか——と。

そのわたしの疑惑に駄目押しするように、彼は武田鉄矢氏に次のようなことを言ったのである。

「早朝、川の合流するあたりから霧がたちのぼってくるが、それはちょうど足許から雲が湧いてくる感じである」と。

それはまさしく、戦前戦中の歴史教育に育ったわたしの脳裏に消え残っている「高天原」の光景にほかならなかった。

豊葦原瑞穂国《とよあしはらのみずほのくに》を治《しろ》しめすべく下界をうかがう高天原の天孫邇邇芸命《ににぎのみこと》の足許には雲が湧き

出ていたのである。

そう、確かに荒唐無稽であるには違いないが、わたしは、この天山・背振山系の山懐《やまふところ》に抱かれたダムと温泉《いでゆ》の里を高天原——すなわちわが国発祥の地ではないかと考え続けて来たのである。

そして、推理小説も書く笹沢佐保氏もまた、同じようなことを推理しているのではあるまいか——と。

淀姫大明神を尋ねて

わたしが宿願を果たして、古湯温泉に漸く一泊したのは平成九年六月末のことであった。三度目にこの地を訪れた時である。古代史を尋ねての旅に因んで「大和屋」という屋号を選んで投宿した。

最初に此処を訪れたのは平成元年の四月であった。弥生期最大の環濠集落遺跡「吉野ヶ里」フィーバーの最中、雷山観音の副住職喜多村龍介師に案内して貰ってのことであった。

わたしの酔狂な古代史への旅の起点は、淀姫大明神の謎の探究にあった。

淀姫大明神については、本稿でも既に幾たびか触れて来たように、これまでの拙著の根幹をなしている神である。いや、わたしがこれまで幾冊かの著書を書いて来たのは、わたしの大病を機に、父の口から出たこの神の正体を探らんがためであった。従って、淀姫大明神出現の経緯《いきさつ》等については、拙著『霊験』や『観世音菩薩物語』に詳しい。

だが、淀姫大明神が如何なる神であるのか、その正体については、わたしはそれらの旧著では明らかにはなし得ていない。それを本稿に於いて今、明らかにしようとするのであるが、その前にわたしと淀姫大明神との関係を、出来る限り簡略に述べて置く必要がある。

淀姫大明神という名を聞いて、一体何だそれは——と思わない読者は先ず少ないと思う。それほど、一般には知名度の低い神である。

その神をわたしは何故に、自らの生涯をかけて追いかけているのであるか。

話は常識を超えた出来事に始まる。

昭和三十八年三月末、九州の父病むの報に接して急遽西下したわたしは、到着した夜激しい腹痛に襲われ、父を見舞うどころか、逆に父に祈念して貰うことになった。

そして、祈念を終えた父はわたしに次のように言ったのである。

「宝塚のお前の寺の庭に荒れ果てている祠があるが、それを淀姫大明神として祀ってくれということであった。そして、その大明神の前で二十一日間、三代前の住職のために施餓鬼回向を修しなさい」と。

確かに、宝塚の拙寺の庭には荒廃した小さな祠があった。そして三代前の住職といえば、数えの四十三歳、所謂後厄の時に胃癌で遷化した、謂ばわたしが現在継いでいる姓の元祖ともいうべき人であったが、これが、わたしが「淀姫大明神」の名を聞いた最初であった。三十一歳の時である。

父の口から「淀姫大明神」の名が出た時、幼時からこの種の霊的現象には慣れ親しんで来た筈のわたしではあったが、胸中深く奇異の感を否定しきれなかった、淀姫とは、そも何ものであるのか——と。

そして、遠い記憶の底から浮かび上がって来たのは、太平洋戦争末期の少年の日に、食糧増産のための開墾作業に連日狩り出されていた川上峡の辺りにあった河上神社の別称が「淀姫さん」ではなかったか——という、おぼろげな記憶であった。

では、淀姫大明神が河上神社の祭神であるとして、佐賀県の神社の祭神と、遠く離れた兵庫県宝塚の拙寺の庭の荒れた小さな祠と如何なる関係があるというのか。

少年の日にわたしがよく行った場所であるとはいえ、佐賀の神社の祭神を何故わたしが宝塚の寺で祀らなければならないのか、そこに如何なる因縁があるのであろうか——そこから淀姫大明神を尋ねるわたしの旅がはじまったのである。

旅といっても、実際に尋ね歩いた訳ではない。いたって出不精のわたしは、胸中に疑問を蔵したまま、空しく時を浪費したに過ぎない。にも拘わらず淀姫大明神の謎は、わたしの身近な人たちによって次第に解明され出したのである。

最初に淀姫大明神の名が父の口から出たとき、わたしは父の霊告に一抹の疑念を禁じ得なかった。だが、わが子を案ずる父が、口から出任せの出鱈目を言う訳がないのである。だからわたしは、父の親心を信じたのであり、父の親心を証明するためにも、淀姫大明神の存在を明らかにする必要があった。

然し、わたしの心の奥深くには常に、淀姫大明神の名を口にするに躊躇を感じるものがあった。

本当にそのような名称が存在するのかさえ、わたしには不明であった。人に言えば笑われるのではないか――とさえ恐れた。事実、わたしから淀姫大明神という名を聞いて、狐につままれたような面持ちをしたり、あるいは内心一笑に付した人もあった。

『六大新報』の記者をしていた京都・淀の大徳寺住職松永真和師もその中の一人であったかも知れない。然も最初に、淀姫大明神という名の神が実際に祀られていた、それも佐賀県の河上神社の祭神がこの関西で、「淀姫大明神」という名称で祀られていた事実を証明してくれたのが松永師であった。

弘法大師の一千百五十年御遠忌に当たる昭和五十九年、京都市伏見区淀水垂町の真言宗御室派大徳寺に住職として入寺することに決まった松永師に頼まれてわたしは、その寺の下見に行った。

其処は淀川の堤防の下にあって、寺の建っている地面は淀川の川底よりも低く、そのため付近一帯は数年来移転の話が進められていた。

寺の下見を終えたわたしは、堤防に立って寺を振り返りながら何気なく言ったものである。

「此処は淀姫大明神だな――」と。

「主筆が言っておられた淀姫大明神がありましたよ」

まるで鬼の首でもとったかのような意気込みで松永真和師が、『淀水垂大荒木森大徳寺略縁起』を持って、わたしの処へ駆けつけたのは、それから間もなくのことであった。『略縁起』には次のように記されていた。

「抑も当時の開山は千観阿闍梨と申して純徳貴盛の聖にて、時俗聖の御前と尊み称せり（中略）。嘗て思えらく、神功、応神の二神は京城近く御鎮座にて諸人知りて敬崇厚しといえども、彼の淀姫の御神は神功の御妹、応神の御叔母にて共に三韓を征伐し玉う。我が日本の厳なる威光を遠き国にまでかがやかしめ、国家衛護の神徳にましませども、西海辺境に御鎮座にて知りて信ずる人稀なる事遺憾なきにあらず。されば彼の淀姫の御神号此所の地名と相応して大荒木の盛んに茂り、神の恵みの水垂れて好き神廟の清まる地なり。近く此の地に勧請し奉り、王城の藩屏国家の衛護と鎮座せしめ、群民をして神徳を仰がしめんと、親到鳳闕件《くだん》の素願を奏したもうに天顔よろこばしくましまして、うやうや敷《し》く勅許を蒙り、応和年中に錫を飛し万里の嶮浪を凌ぎ、肥前の国佐嘉郡川上淀姫の神社にいたり、勧請し奉り、常盤堅盤に満引て天の真な井の水清く、干満に珠の厳なる国家擁護の御神徳、流れ久しき淀川に納まり、淀みて御鎮座畢んぬ（中略）。爰に村上帝勅して正一位淀姫大明神と爵号を賜り、蘋蘩三祭儀俎豈三礼容粛然たる事可ㇾ観也（後略）」

　要約すれば、神功皇后とその子の応神天皇の母子は有名で、都に祭られているが、神功皇后の妹で応神天皇の叔母に当たる淀姫神だけは、倶に三韓征伐をして国威を発揚したにも拘わらず、佐賀などという辺境の地に祀られているために人にも知られず、従って尊崇もされていない。幸いにして此処は地名も淀であり、大荒木も盛んにして、淀姫の神を祀るにはまことに相応しい地であるところから、大徳寺の開山千観阿闍梨が天皇に奏請、勅許を得て佐賀の河上神社から淀姫を勧請。村上天皇が正一位淀姫大明神の名号を賜った――というのである。

　荒木というのは伐り出したばかりの木材をいうが、ここにいう「大荒木の盛んに茂り」とは楠の大樹を意味しているのであろう。

楠は佐賀県を象徴する樹木で、佐賀の地名はこの木の栄（さか）えるに由来するという説もあり、遠い記憶から蘇る校歌の一節にも「老楠薫る葉隠に」とあり、夏には地面のいたる処に散り敷いている楠の実を踏んで、ピチピチと潰れる音を楽しみながら登下校した記憶がある。

現在はいたる処が開発されて楠の大樹を見ることが少なくなったが、佐賀の神社には大抵境内に老楠が残されており、河上神社もその例に洩れない。そして京都・淀の大徳寺にも楠の大樹が今に残っているのである。

それはともかく、この『大徳寺略縁起』に記されていることが真実であるならば、昭和三十八年三月、父を通して淀姫大明神の奇瑞を受けて以来、わたしの意識の奥底に生き続けてきた疑問に対する解答がここにあったことになる。

この記録による限り、淀姫神の本社は間違いなく、わたしが中学時代連日開墾作業に狩り出されていた川上峡の河上神社であり、その祭神淀姫が「淀姫大明神」として、仏法によって祀られているのも事実であった。然も川上峡の淀姫が、大明神として仏法によって祀られたのは関西の地でだったのである。

わたしの胸中にわだかまり続けていた、もう一つの謎が解けた。

　それは、父が初めて淀姫大明神の名を口にした時、「淀姫大明神を祀れ」ではなく、「淀姫大明神として祀ってくれ」と言ったことである。この「大明神として」の一語にわたしは疑問を感じ続けていたのである。

　父は何故に淀姫大明神を祀れと言わずに、淀姫大明神として祀って欲しいと言ったのであるか。「淀姫大明神として」ということは、宝塚の拙寺の祠の本来の祭神は別神であったということになるが、同じ祠や神社に、本来の祭神とは別の神をもって来て、本来の祭神と置き換えて祀るようなことが許されるのであろうか——そんな想いが常に胸中にわだかまっていたのであるが、それが『大徳寺略縁起』で解けた。

『大徳寺略縁起』の記述が真実であれば、淀姫は神功皇后の妹——すなわち、日本古来の神ということになる。

　日本古来の神は普通は神道に於いて祀られる。だからこそ殊更に「大明神として祀れ」と言ったのではないか。すなわちそれは「仏法によって祀れ」ということに他ならないのではないかと、気づいたのである。

　三十数年前、わたしの病気を機縁に現れた父の霊告はここに成就した——と、その時わたしは想ったのである。

淀姫の源流を尋ねて

これは既に先に触れたことであるが、旧著『観世音菩薩物語』を脱稿・出版したのは、昭和六十年九月であった。

「淀姫大明神霊験記」という副題の付いた（出版社が付けた）この本の後書に「川上峡再訪」と題して、わたしは次のように記している。

「淀姫神社の拝殿の奥には、何時の時代のものとも知れぬ古びた板額が掲げられて、そこには『火の国鎮守』と刻まれていた。そしてわたしは何故か、その文字を眺めているうちに、ここの祭神に卑弥呼をだぶらせていたのである。同時に、わたしの胸中には、淀姫大明神の謎を求める新しい旅への予感が生まれていたのであった――」と。

そしてその時、わたしの脳裏には、淀姫大明神の謎の解明を求めて更に川上川を遡り、北山へ入ってゆくわたし自身の幻影があった。

だが、それは記していない。何故か。北山へわけ入ったまま杳《よう》として消息を断ってしまいそうな予感に襲われていたからである。

佐賀・福岡の県境をなす背振山系の尾根を越えた福岡県側に雷山がある。有名な雷山観音、別格本山千如寺大悲王院である。その副住職喜多村龍介師も、淀姫大明神の謎を解く重要な協力者であり、彼もまた松永師と同様わたしが主筆をつとめる真言宗の機関誌『六大新報』に勤務し、現に九州支局長である。

その喜多村龍介師から、昭和六十二年四月七日付で次のような手紙をいただいた。

「謹啓、九州では桜が満開となっております。実は先日家内の実家に出向く折り、偶然にも川上川上流の『上無津呂』に淀姫神社があることを知り、写真に収めました。残念なことに、神社の縁起などを書き記したものはありませんでした。従いまして河上神社との関連などは判りませんでした。然し、川上川の最も上流に淀姫神社があることは不思議に思えました」

そして、更に追いかけるようにして次の便りが届いた。

「先日、富士町の役場に行って淀姫神社について調べてきましたが、前にお送りしました写真の淀姫神社とは別の淀姫神社があることが判りました。それは古湯温泉にある淀姫神社ですが、資料を読んでみると、前者が龍造寺氏、後者が鍋島氏と関わりが深いものでした。

次に『川上』は『川神』ではないかと語られておられましたが、『嘉瀬川』の上流が『神水川』で、これを、『シオイ川』と読んであります。神水川は雷山の山頂近くから流れはじめています。

また、雷山の七合目付近に層増岐（ソソギ）明神が、そして拙寺から少し登ったところに雷神宮がありますが、『層増岐』は『灌ぐ』ともとれますし、雷神宮の祭神は『火水雷電神』であり、いずれも水に深い関わりがあるように思われます。

更に、同封の『郷土資料事典』の三十五ページを読みますと、お父上のお姿をモデルにして謹刻された不動明王が奉安されている有明町の玉泉坊とどのような関係があったのかはよく判りませんが、明治二十年頃まで玉泉坊白山神社が富士町にあったと書かれています。また、七十二ページを読みますと、玉泉坊がある辺田の近くには『嘉瀬川』という地名もあり、また淀姫神社の祭神と同じ豊玉姫を祀る海童神社もあるようです。

最後に、これも私の独断であるかも知れませんが、『観世音菩薩物語』に、川上峡一帯へ行くたびに高熱を出されては、小森尼から『北山のお稲荷さんがすがっている』と言われたと書かれてありましたが、実は古湯の淀姫神社から少し行ったところに『松森稲荷大明神』がありました。時間がなく、鳥居のみ写して来ましたが、近くの人に尋ねますと、古くから祀られているお稲荷さんだそうです。もしかすると、小森さんが言われていたお稲荷さんは、その松森稲荷大明神ではないかと思ったりしております。

また、いろんなことを調べたいと思います。いただいた資料や地図をお送り致します」

とあり、親切に地図や資料が同封されていたのであるが、わたしの旧著をお読みになっていない人のために、喜多村師の手紙の文面について聊《いささ》か説明して置きたい。

文面に登場する小森尼は、先に川上実相院の話の折にも触れたが、実相院の娘に生まれたが在家に嫁ぎ、その後縁あってわたしの父に救われて弟子となって出家した女性である。

太平洋戦争末期から敗戦後にかけての一時期をわたしは、佐賀市の近郊にある吉祥寺という小さな寺で、この小森泰春尼に預けられて暮らしたことがある。

大戦末期の連日の空襲や、敗戦後の混乱のなかで交通機関が麻痺して、実家から一時間以上も要する汽車通学が不可能だったからであり、そしてこの時期に川上峡の開墾作業や日隈山への行軍に狩り出されていたのである。

確かにこの時期、少年のわたしは、川上峡あたりに狩り出された後、決まって原因不明の熱を出し、その都度小森泰春尼のお加持を受けたものである。

原因不明といっても、当時は滅多に医師に診て貰うことなどはなかったのだから当然のことであるが、お加持の途中で泰春尼は必ず憑霊状態となって喋り出すのであった。

いま、その言葉を正確に記憶している訳ではないが、意味するところは、「このいたいけない子（註・筆者のこと）に禍いをなすのは何者ぞ」という泰春尼の詰問に対して「われは北山将監武盛《きたやましょうげんたけのもり》なり」と、これもまた泰春尼の口を通して、何者とも知れないものが答えるのであり、聞いていると子供心にも面白いものであった。

熱を出すのは、開墾作業などという慣れない重労働の疲労が原因であったろうと思うが、小森泰春尼の憑霊が真実のものであったか否かは、北山に果たして「きたやましょうげんたけのもり」なる神か何かが存在するかで決まることだが、如何なる文字を書くのかも定かではない。

余談はさておき、くり返すが、『観世音菩薩物語』を出版したのは昭和六十年九月であり、同書の後書に記した「川上峡再訪」は、同年七月のことである。

その時の河上神社拝殿に於ける私の予感は的中したのであった。

淀姫大明神の謎を求める新たなる旅が、川上川の上流へと遡る北山への旅であることが、二年後の喜多村師の手紙によって実証されたのである。

北山には他にも淀姫神社があると聞いたが、何故にかくも淀姫神社が北山には数多く存在するのであろうか。

そして、河上神社の拝殿で、祭神の淀姫神を卑弥呼にだぶらせたわたしの幻想もまた、それから二年後の「吉野ヶ里」遺跡の発見によって、たんなる幻想ではなくなる可能性が強くなって来たように思うが、果たしてどうか――。

神々をつなぐ流れ

平成元年四月、吉野ヶ里遺跡を訪れたのを機にわたしは、喜多村師の案内で、初めて富士町の二つの淀姫神社を訪れた。

ではこの機会に、これまで雑然と述べて来た淀姫神社の位置関係を整理してみよう。

先ず佐賀の地形から説明しなければならない。

九州北部に位置して、東北部は福岡県、西南部は長崎県に隣接し、北西部は玄界灘、南東部は有明海に面する佐賀県は、北部に背振山（一〇五五メートル）、天山（一〇四六メートル）と、いずれも一〇〇〇メートル級の主峰をもつ筑紫山地が東西に走って福岡との県境をなし、その南側は有明海まで佐賀平野が広がっている。

その佐賀平野は、九州第一の面積をもつ筑紫平野の西半分を占め、東から筑後川、嘉瀬川、六角川など主要河川によってつくられた複合デルタで、中流以下の農村部——すなわち水田地帯には縦横にクリーク網が発達して灌漑とともに、昔は養魚が重要な蛋白源ともなっていた。

小森泰春尼と吉祥寺で過ごした少年の日のご馳走の記憶といえば、冬の「おくんち」に集落の人が届けてくれる「鮒のこくい」だけであった。昆布を分厚く巻いた鮒を一晩中焚いて骨ごと食べられるようにしたものである。

それはともかく、海岸部は中世以降の干拓地であり、従って平野部の海抜は三メートルと低湿である。

少年の日の記憶には、川上峡の開墾のみならず、蝮《まむし》や蜈蚣《ごこう》の多い干拓地での、丈なす雑草の刈り取り作業もあった。

平野部のなかでも特に海抜が低いのが、佐賀平野の中央部をなす佐賀市である。恐らく先史時代まではまさに「国稚《わか》く、浮ける脂のごとくして、くらげなすただよえる」(『古事記』)状態の国土ではなかったかと想像される。

北の筑紫山地に源を発して、佐賀平野の中央部を潤しつつ南北に貫通して有明海に注いでいる川が嘉瀬川である。

この嘉瀬川は市街地の少し上流で「多布施川」という支流を作って市街地を流れているが、恐らくこの多布施川は治水のための人工河川であるに違いない。

何故なら、その名の「多布施」は元は「田伏せ」であり、氾濫によって稲を伏せ、あるいは土砂に田を埋没させていたのが、治水工事によって恵み多き川となったことを意味すると思われるからである。

先の喜多村龍介師の手紙にあった「お父上のお姿をモデルにして謹刻された不動明王が奉安されている云々」とあるのは、実はわたしの父が厳冬三七二十一日間この川で水垢離をとって、自らの姿をモデルに不動明王像を刻ませたもので、その背後にある霊異譚は旧著『霊験』に詳述している。

ついでに書き添えるならば、本流の嘉瀬川は佐賀市街の西部を流れているが、此処には昔、刑場があったというから、「嘉瀬」の本来は「手枷、足枷、首枷」の「枷」であったのかも知れない。

そして、この川沿いに淀姫神社があることを想うとき、「嘉瀬」は大変意味深長なものとなってくる。すなわち「淀姫」の「淀」は深みであり、「嘉瀬」は「嘉《よみ》すべき浅瀬」である。そこに象徴されているのは川の二面性であるとともに、苦楽順逆の運命でもあり、須佐乃男命と八俣《やまた》の大蛇《おろち》の関係に象徴される煩悩即菩提の思想であるかも知れない。

佐賀市街から国道二六三号線を北上すると九州横断自動車道と交叉するが、そこが「肥前嵐山」と呼ばれる川上峡である。ＪＲ佐賀駅から車で二、三十分であろうか。

嘉瀬川はこの辺りでは川上川と呼ばれ（『肥前国風土記』には佐嘉川）、徐福を祀る金立山に隣接するところから「川上金立県立自然公園」に指定されている。

風光は極めて明眉であり、この川上川の畔に老楠・老杉の木立に囲まれた河上神社がある。白水社刊『日本の神々』には「与止日女《よどひめ》神社」とあり、祭神は『神社明細帳』には「与止日女神」、『三代実録』には「豫等比咩《よとひめ》大神」、『肥前国風土記』には「世田姫」とあり、豊玉姫命（龍宮の乙姫とも神功皇后の妹神ともいわれる）とも伝えられている。

淀姫大明神として京都・淀の大徳寺に勧請されたのは、この神社の祭神である。

淀姫の名にふさわしくこの辺りは如何にも水深の深さを想わせ、神域として殺生禁断、特に鯰は祭神のお使いとして、地元では食べないことになっており、『肥前国風土記』には、此の川上に石神世田姫がいて、毎年鰐魚が海底の小魚を多く従えて海からさかのぼって来て、二、三日とどまってまた海へ帰るが、或る人がこの魚を捕えて食べたところ死んでしまったと伝えている。

欽明天皇二十五年（五六四）十一月一日に鎮座とあり、貞観二年（八六〇）二月一日に従五位上、同十五年九月十六日に正五位下を授けられたと『三代実録』は記録している。

国道二六三号はこの河上神社で二つに分かれて、一方は国道三二三号となる。

この二つの国道は、暫くは川上川の渓流をはさんで併走する。

東岸を走る国道二六三号は富士町に隣接する三瀬村の北山、杉神社を通り、三瀬峠を越えて福岡市街へ出、博多湾に達して、其処で玄界灘に沿って東西に走る国道二〇二号に合流する。

『魏志倭人伝』でいうならば、川上川東岸を走る二六三号線は「奴国」へ到る道といえよう。勿論、二六三号線が合流した二〇二号線は、唐津市街で二〇四号線となって松浦半島突端の港町呼子に達しているから、末盧国へも通じてはいる。

一方、河上神社を起点として川の西岸を走る国道三二三号は、川上峡を出はずれた辺りの、弘法大師の発見と伝える「熊の川温泉」近くで、川に沿って大きく西へ曲がって、古湯渓谷・古湯温泉に到り、某処で嘉瀬川の本流とともに大きく右折する。

嘉瀬川は此処で西の七山村から流れてくる貝野川と合流しているが、その合流点近くの貝野川沿いに、喜多村師が二番目に発見してくれた淀姫神社がある。

古湯温泉で右折した国道三二三号は、ほぼ真北へ北上した後、下田という処で左折して、今度はほぼ真西へ向かい、観音峠を越えて七山村の「観音の滝」を通り、唐津湾で先の二〇二号と合流するが、途中の「観音の滝」にも淀姫神社があると聞いた。確認に訪れたいところで、国道三二三号は下田で真西へ向かって左折しているが、その下田から国道三二三号に接続して真北へ向かう道路がある。

途中道幅が聊《いささ》か狭くなって、対向車を見ると離合に不安を覚える処もあるが、県境を越えて福岡県前原町を通り糸島半島へと通じている。

下田からこの道路を少し北上した辺りに上無津呂という小さな集落があり、某処に喜多村師が最初に発見してくれた淀姫神社がある。

嘉瀬川は古湯温泉の上流の鷹羽という処で右折して北山ダムに到り、鷹羽から分かれた川は「神水川《しおいがわ》」と名づけられており、この川に沿って淀姫神社がある。水はどこまでも澄んで、浅い川底の砂が晩春の陽光にきらきらと輝いていたのが、今なお脳裏に鮮やかである。そして此処は静寂に支配されていた——。

この先、県境を越えた山中に雷山観音があり、先に掲げた喜多村師の手紙に出てくる雷神宮や層増岐明神がある。神水川は雷山に源を発している。

従って『魏志倭人伝』でいえば、河上神社を起点として川上川の西岸を走って三つの（或いは四つかも知れない）淀姫神社を結ぶ国道三二三号は佐賀から伊都国と末盧国へと通じる重要な道筋ということになる。

そして驚いたことに、この背振山地に立ってみると、弥生期最大の環濠集落遺跡「吉野ヶ里」は南東の方角に、まさに指呼の間にあり、わたしが少年時代を過ごした吉祥寺はその隣であった。

これまで淀姫神社の位置関係を理由に佐賀の地形を縷々述べてきたのは、勿論、三つの淀姫神社がどのような位置にあるかを探るのが主目的ではあるが、同時に、この三つの神社が川によってつながれていることを明らかにすることにあった。

そしてもう一つ、重要な目的があった。それは、「末盧国」「伊都国」あるいは「奴国」という『魏志倭人伝』中に於ける主要国に比定される土地に隣接し、然も玄界灘と有明海とを結ぶ重要な位置を占める佐賀平野――特に佐賀市・佐賀郡を中心とする地域が、これまで何故に、邪馬台国論争に於いても、古代史研究に於いても黙殺されて来たか――という疑問を提出することであった。

勿論、佐賀が全く無視された訳ではなかったらしい。藤沢偉作の邪馬台国筑紫平野（佐賀市・佐賀郡）説があるらしいが、邪馬台国論争や古代史研究上も余り取り上げられることがないのか、一般には知られていない。

何故に佐賀が邪馬台国論争や古代史研究に於いて無視されて来たのか（少なくとも吉野ヶ里遺跡発見までは）、その謎を探るのも本書執筆の目的の一つかも知れない。

上無津呂の淀姫神社では新しい発見があった。創設は定かではないが、遠く継体天皇の時代（五一五）と伝えられ、文久二年九月に一三五〇年祭を行った記録が残っている。

永禄元年、この地方の領主神代勝利父子が川上に布陣して竜造寺氏と戦って敗れ、この神社まで逃れて来て、大祭をよそおった村民に助けられたお礼に直ちに佩刀を奉納したと伝え、社宝として神代勝利奉納の「国次」の太刀と、「一文字出羽守行広」銘の太刀がある。

祭神は、豊玉姫命のほか玉依姫命、高皇産霊神、猿田彦命、大山祇命、新田義貞、鎌倉景政などを合祀しているというが、新しい発見というのは、古い鳥居に刻まれている「淀姫大明神」の文字が読みとれたことである。

この鳥居が何時の頃のものか、大明神の文字が何時頃刻まれたのかは不明であるが、歳月に風化して消えかかっているところから、相当に古い時代のものと思われた。

大明神とは仏法によって祀られる神を意味するが、淀姫の神が淀姫大明神として祀られたのは、京都・淀の大徳寺と此処と、いずれが早いのであろうか。

いずれにしろ、淀姫の神は古い時代に佐賀の地に於いても、大明神として仏法によって祀られていたのである。

平成元年四月、佐賀県富士町上無津呂の淀姫神社の鳥居の前に立って、まさに消えなんとする「淀姫大明神」の文字を眺めながら、わたしは二十六年前の父の言葉の正しかったことを思って感動したのであった。

雷と剣と神の川

背振山地から吉野ヶ里遺跡は指呼の間だと言ったが、此処に立って俯瞰すると面白いことに気づく。此処には愛宕山、春日山、大の原、鳥羽院、修学院、清水の滝、伊勢塚古墳等々、近畿でなじみの名称の地ばかりが目につくのである。

また、富士町内の神社も春日神社、八坂神社、諏訪神社、鏡神社等々、畿内にある同名のものが多い。祭神も同じであろうか。

喜多村師の案内で、背振山地の山道を走りながらわたしは、「古事記という神話のふるさとは九州である」という宮崎康平氏の言葉を想起していたのである。

上無津呂の淀姫神社に立つと雷山は目の前であった。

「あれが雷山です」と、幾重にも重なりあう峰々の間に一際高く、頂が霞に包まれた峰を喜多村師が指差した時、わたしの脳裏を走ったのは『古事記』の建御雷神《たけみかずちのかみ》の物語であり、肥の国の名の由来であり、河上神社拝殿の板額の「火の国鎮守」の文字であった。

何故に「火の国」は「肥の国」になったのであるか、いや、何故に「肥の国」が「火の国」と書かれているのか——というべきかも知れないが、その謎を解く鍵が、雷と剣と神水川であった。

建御雷神は、伊耶那岐命《みこと》が十拳剣《とつかのつるぎ》でその子の火神迦具土《かぐつち》神の頸《くび》を斬ったとき、刀についた血が岩石にほとばしって生まれた神である。

ここで重要なのは、伊耶那岐命が何故に吾が子である火の神を斬ったのか、というその理由である。

すなわち伊耶那岐は、愛妻である伊耶那美が火の神を生んだために、「みほと炙《や》かえて病《や》み臥《こ》やして」死んだ為である。そして、このことは後に再び触れるが、火の神を生んだために母なる伊耶那美が死に、父なる伊耶那岐が火の神の頸を斬り、その血から様々な神々が生まれるというこの神話は、実はまことに象徴的なのである。

国譲り神話では、天照大神に派遣された天菩比神《あめのほひのかみ》と天若日子《あめのわかひこ》という二人の神が、大国主命の説得に失敗したため、建御雷神が大国主命のもとに派遣され、大国主命の子の建御名方《たけみなかた》神《かみ》と力競べをして勝ち、これを殺して大国主命を追放（或いは殺害）して国を平定、更に神武東征に際しても平定の大役を果たしているが、建御雷神は別名を建布都神《たけふつのかみ》あるいは豊布津神とも呼ばれている。本稿では重要な役割をもつ神である。

布津とは、剣が風やものを斬る時に発する音とも、魂を招き入れる意味ともいわれ、国譲り（実際には奪取であるが）に際して、建御名方神が建御雷神の手を取ると、手が剣の刃になったと『古事記』は述べているが、これなどはまさに出雲系の神（建御名方神）が平和裡の交渉による国譲りを希望した（すなわち握手を求めた）のに、天孫系（建御雷神）がこれを拒否、剣を以て征服したことを物語るものであろう。要するに建御雷神に象徴されているのは雷と剣である。

然も高天原の天照大神が天孫にこの国を治めさせるために、この建御雷神の力を借りたということは、とりも直さず雷と剣によってこの国が開かれたということであろう。

では剣とは何か。勿論、剣が象徴しているのは武力であり、剣による肇国とは武力制圧、武力による権力奪取に他ならない。

従ってここには、神話の国譲りが実は国譲りなどというような平和なものではなくして、壮絶なる武力闘争による権力争奪であったことが暗示されているが、また一方には、この人間どもの権力争奪にも増して壮絶・壮大なる大自然の創世のドラマが象徴されているようである。

すなわち、剣が象徴するもう一つのものは、火柱となって大地を突き刺す落雷であり、その落雷（すなわち建御雷神がこの世に下りて来た）によって、この豊葦原瑞穂国《みずほのくに》が形成されたことを『古事記』の国譲りは物語っているのではないか。

雷山や雷観音、雷神宮、そして層増岐《そそぎ》明神等々の名称はすべて「建御雷神」に由来するのではあるまいか。そして火（肥）の国の名称もまたそこに由来しているに違いない。

火の国といえば誰しもが大阿蘇の噴火を連想する。事実、有明海の潟特有の泥土は阿蘇の大噴火によるというのが定説であるが、定説は往々にして大きな誤謬《ごびゅう》を犯しているものである。

わたしは、雷山山頂に凄まじい雷雨を想像する。雷鳴は周囲の峰や谷に轟き渡り、稲妻は霊剣のようにきらめきながら峰々を突き刺し、落雷は火柱となって大地を貫き山を焼く。そして沛然たる雷雨は谷や川を溢れて山林・田畑を押し流して有明海の泥土となり、佐賀平野を肥沃化してきたのではないか。まさに雷こそは「火」の元であるとともに「肥」の元でもあるのではないか。

『古事記』の建御雷神の物語の舞台は雷山ではないか――というわたしの想像は、必ずしも荒唐無稽ではなかったようである。

平成十一年八月、わたしは本稿の清書に際して念のために、雷山観音の縁起資料を喜多村師に送って貰ったが、そこには次のように記されていた。

「（雷山）本来はイカヅチ山である。伊弉冉《いざなみ》尊が、黄泉国《よみのくに》に旅立ったことを悲しんだ男神伊《い》弉諾《ざなき》尊が、御子の火の神を三段に斬ったとき生まれたのがイカヅチの神。雷山はつまり雷神の山だ（中略）。

雷山は、背振連山の最西端にあって、古くから水火雷電の神をご神体とする霊山だ。雷山伝承史を『筑前国続風土記』にみると、仲哀天皇九年の三月、神功皇后は、天皇の意志を継いで筑紫国に叛いた土族・羽白熊鷲を討伐するために、さきに帰順していた怡土《いと》郡の伊都県《あがた》主五十迹手《ぬしいとて》の協力をえて軍兵を集め、夜須郡（古処山）に熊鷲を攻め、これ平定した。そして皇后は、国内の一応の鎮定をみさだめてから、異国遠征を前にして雷山に登り、天神地祇を祭祀して戦勝を祈願。このとき皇后みずから、層増岐《そそぎ》山（雷山の別称）に鎮座する水火雷電神社に、一七日（一週間）参籠して神楽を奏し、三つの仮面を奉納された。後世、この国が旱魃に苦しむとき、この面を祭祀して祈れば、必ず大雨が降ると、いい伝えられている（『筑陽記』八巻）」

更にまた「昔、雷山の山頂には、仏説による仏神塔がいくつかあった。金毘羅の石祠もその一つで、たぶん瀬戸の漁民信仰の中心である讃岐の金毘羅権現を勧請したものであろうが、仏説の金毘羅は薬師如来の随神、十二神将の一神で〝宮毘羅《くびら》〟というインドからの渡来神。讃岐の金毘羅権現は、明治の廃仏毀釈によって明治七年以降、大物主神（大和三輪山の神・別称大国主神）を当てていまの金毘羅神社になった。雷山山頂の龍王塔の神は、仏法守護と水を司る神で八大龍王の一神、沙羯羅《しゃから》龍王といわれる。村民の伝える説話では、昔、雷山に住んでいた龍王の神が、老翁《おきな》の姿で現れ、法華経三部を書写して山の嶺に納め、像を建ててこれを守護したという。それで雷神に雨を祈れば、霊験があるといい、この龍王塔を〝天の宮〟といい伝えられた（中略）。

雷山でも、山がご神体になっていて、山頂（七合目）から上宮（曽祖岐社・ニニギノ命）、中宮（雷神外四座神）、下宮（折笠大明神他二座神）があって、雷神社は中宮を本社とし、江戸の一時期には女人の参詣を禁じたともいう（中略）。

雷神社上宮は、山頂直下の七合目に石祠がある。さきに述べたとおり、雷山の別称を『層増岐』といったことから、上宮の祭神を層増岐大明神の社（または曽祖岐社とも書く）と称し、雷山の祖神といわれる瓊々杵尊ほか三座神を祀る（中略）。

雷山史跡のなかで、中腹にある『雷山神籠石』の解明は、まだ不明な点が多い（中略）。益軒の『続風土記』には、『雷神社社家伝』を引用して、この石は、雷神八坂瓊曲玉《やさかにのまがたま》、白銅《ますみの》鏡《かがみ》、天叢雲《あめのむらくもの》剣《つるぎ》の三種の神器（一説では三種神器の写し）をなかに入れて納め置いた、という（後略）」と。

そして、この雷山の登山口前に、旧称千如寺（現在の大悲王院）があり、重要文化財の千手千眼観音立像が安置されている。

開基の清賀（聖賀）上人は聖武天皇の天平年間にインドより渡来して帰化した僧といわれ、

像高一丈六尺（四・五四メートル）の重文観音像は、上人自らが白椿の巨幹を一木彫りにしたものであると伝えている。

矢張り雷山は、わたしの想像の通り、天孫降臨神話の主役ともいうべき瓊々杵尊《ににぎのみこと》と、天孫の皇統を象徴する三種神器とも深いかかわりをもつ山だったのである。

そして、この山を層増岐《そそぎ》山と呼ぶゆえんは、まさしく神の水を「神水川」へ灌ぐことを意味していたのである。

九州は神話の古里

「古事記という神話のふるさとは九州である」という、『まぼろしの邪馬台国』の著者宮崎康平氏の言葉は、氏の言語学や考古学に裏打ちされたものであるが、この言葉を思うとき、わたしの脳裏に去来するのは、九州の――特に佐賀の神話と古代史は誰かによって意識的に、何処かに移し替えられてしまっているのではないか――という想いである。

そして、そのような想いを抱かせる端緒は、先に述べたように、畿内にあるものと同じ名称の地名などが佐賀には多くあることであった。

実はわたしは縁あって昭和五十七年に三十年近く住職した宝塚の寺を辞して、京都府下京北町の小寺に転住したが、其処もまた、余りにも九州に似ていたのである。

佐賀市の北方、富士町のある辺りを、佐賀の人たちは北山（ほくざん）と呼ぶ。富士町のダムは「ほくざんダム」である。

そのダムを通り過ぎて福岡県へ出る道筋には「杉神社」という古い神社がある。地図にも出ているのであるから由緒ある神社でもあり、杉神社があるということは、この地方では杉が大事にされたのでもあろう。そして、その道の果ての糸島半島には船越湾がある。

わたしが現在住職している寺の所在地も、町の名が示しているように、京都市街の北方に位置して「北山（きたやま）」と呼ばれ、北山杉の産地として知られる。勿論、杉が大事にされる処である。

そして、此処には「船越」姓が多く住んでいる。船越の地名は随所にある。従って船越姓のみで短絡的にそのルーツを九州に結びつける訳にはゆかないが、わたしが此処の船越姓を九州に結びつけるのは、彼らの先祖が伊勢からの移住者であるというところに根拠がある。何故なら、伊勢神宮の祭神——すなわち天照大神そのものが、九州から伊勢に移された女神であると確信しているからである。

然も、これは直接古代史には関係がなく、信仰上の問題に過ぎないと思うが、寺には、わたしと郷土を同じくする、佐賀県鹿島市出身の興教大師の古い尊像までが安置されていたのである。

佐賀は吉野ヶ里遺跡の発掘でも証明されたように、早くから文化の開けた土地である。それは『魏志倭人伝』の末盧国でも判ることであるが、先土器時代の石器はほぼ全県下の山麓・丘陵地帯から発見され、更にまた縄文遺跡では織布の存在までが確認されている。弥生、古墳時代の遺跡は教え上げることが出来ない。

早くから人が住み、文化が開けた土地であるにもかかわらず、少なくとも雄略天皇まで位の歴史と重なるのではないかと言われている『記紀』に登場するのは、景行天皇の筑紫巡幸――すなわち被征服地としてのみである。

宮崎康平氏は、『記紀』が九州の物語であることを論証して次のように述べている。

「『記紀』は、この地名をひたむきに他のことにこじつけて、隠蔽しようとしているが、そうなるとますます疑いたくなる。三輪山の大物主の伝説も、この崇神記である。共に筑紫平野を対象として物語られていると思われる内容から判断すると、倭人伝に記録された時代と、崇神記の歴史的な推定年数がほぼ一致するところから、邪馬台国所属の国々が、有明海沿岸を対象にした物語であることを証拠だてるのに、この国は重要である」と。

或いはまた「景行天皇のことを『纒向《まきむく》の日代宮《ひしろのみや》に座《ま》しまして、天の下治《し》らしし天皇《すめらみこと》』という。この場合のマキムクとは、マとキの国に向かっているという意味で、邪馬、大馬（天）などの、マの国および小城《おぎ》、杵島《きしま》などのキの国をさしているのである」等々と。

小城、杵島ともに佐賀県下の地名である。

背振山地には多くの神社があり、特に吉野ヶ里周辺には名のある神社が多く、その祭神のすべてといっていいほど出雲系の神々である。

吉野ヶ里遺跡の北西には徐福の伝説を秘める金立神社、北には白角折《おしとり》神社と仁比山神社、南には櫛田神社や高志神社と、遺跡を取り巻いて名ある神社が踵を接している。村社、郷社の類は更に多い筈であるが、このうち保食神《うけもちのかみ》と徐福を祀る金立神社を除いて、他はすべて出雲系の国津神を祭神としているのである。

煩を厭わずに列記すれば、白角折、仁比山の両社は大山咋命《おおやまくい》、大己貴神《おおあなむち》、櫛田神社は櫛稲田姫命、須佐之男命、高志神社は素盞嗚尊と稲田姫というようにである。いずれも出雲神話に登場する神々である。ただ何故か、いずれの神社にも日本武尊が併祀されている。

ここで特に注目すべきは、謂わば土地の権力者の敵役ともいうべき日本武尊が、すべての神社に祀られていることである。

ここで、わたしの遠い記憶の底から浮かんで来るものがある。川上猛である。

すなわち、わたしの記憶のなかでは、彼は佐賀地方の王者で、根城としていたのは佐賀市の北方川上峡から北山へかけてであり、女装した日本武尊（古事記では倭建命）に討たれて「倭建《やまとたける》」の名を奉った男である。

女装は欺し討ちを意味する。従って欺し討ちにされながらも、その勇猛を讃えて自分の名前を贈るというのは、この男余程のお人よしであったか。或いは討つ側、すなわち権力側の奸計《かんけい》が善良な地方の首領たちを滅ぼしていったことを後世に残さんとする『記紀』作者の隠された意図かも知れない。

それはともかく、気になることが一つある。吉野ヶ里の南（それは同時に日隈山の南でもあるが）に位置する高志と櫛田の両社が、ともに景行天皇の筑紫巡行（実際は鎮圧のための遠征）の際に勧請されたと伝えられていることで、特に櫛田神社の場合は、祭神が櫛稲田姫命、須佐之男命、日本武尊の三神であるにもかかわらず、創建の由来が、景行天皇が筑紫巡行の際、この地の荒ぶる神を祀ったのがはじまりであるということである。

出雲系の神々とは、この地の先住民（神）でありながら、天孫族（高天原系の神の子孫）に滅ぼされた神々であるとすれば、この地に祀られていることは至極当然ということになるが、それらの神々とともに、彼らにとっては敵役ともいうべき日本武尊を合祀しているのは何故か。

日本武尊は景行天皇の第二子であるが、その烈しい気性を父帝に恐れられて、常に死地にのみ趣かされていたという物語からの判官びいきか、或いは後世の皇国史観への迎合であるかも知れない。

それにしても、景行天皇に祀られたこの地の荒ぶる神とは誰か。或いは公式には抹殺されてしまった川上猛かも知れないと思う時、わたしの脳裏には、あの日隈山の謎が蘇ってくるのである――。

日隈山が象徴するもの

日隈《ひのくま》山には二つの謎がある。

先にも述べたように、日隈山は佐賀（有明海）と福岡（玄界灘）との分水嶺をなす背振山塊のなかでも、最も南側の平野部に孤立する山である。山というよりは、小丘という名がふさわしい。

重畳たる山塊の峡《はざま》にある小丘であれば、日陰の山と名づけられる理由も納得出来るが、最南端に孤立する山であれば、本来は最も日の当たる山の筈である。

にもかかわらず、何故に日隈山と名づけるのであるか。これが第一の謎である。

わたしは曽て、出雲大社の別称が「日隈宮」であるということを聞いたことがあるが、これについて、筑波大学教授湯浅泰雄氏はその著『神々の誕生』のなかで、西郷信綱氏の説として次のように紹介している。

「出雲は大和からみて西の果てであり、死者の世界である黄泉国《よみのくに》の入口である。書紀の一書に出雲大社を『日隈宮』とよんでいるのは、日の沈む西の果ての意味と思われる。

これに対して伊勢神宮の位置は、天香久山のほぼ真東に当たり、東の果ての日出ずる海辺の地である。大和を中心にしてみれば、伊勢と出雲は、浄―穢、善―悪、光―闇の両極を為しており、その中間の俗的世界が大和人の住む世界なのである」と。

最後の「その中間の俗的世界云々」はともかくとして、吉野ヶ里遺跡に於ける墳丘墓と日吉神社と日隈山との関係には、伊勢神宮と大和と出雲大社との原型があるのではないかと思われる。

王を埋葬したといわれる墳丘墓は、当初はもっともっと高かったに違いない。少年の頃、みかん畑にするために削ったという地主の証言でもそれは確かであり、更に、昭和二十八年の大水害に際しては、遺跡のすぐ側を流れる城原川堤防の復旧工事に、この舌状台地の土が使われており、この時削られた個所の一つに三津永田遺跡（弥生前期～中期後半の甕棺集団埋葬墓）がある。

従って当初はこの台地そのものも、墳丘墓ももっと高く、東から登る朝日がこの墳丘に遮られて、日隈山を日陰にしたのではないか。そして更に、墳丘墓を造成するために樹木が失われた分の高さを補うために、後世になって、その前に日吉神社の森が設定されたのかも知れない。

そのように考えてみると、ここには日隈山をして飽くまでも日の隈（陰）たらしめんとする意志が、時代を超えて継承されているように思われてならないのである。

では何故に、そのようにしてまで、この山を日陰の山にしなければならないのか。

これは、農産物その他の植物を栽培した経験者は誰しもが気づくことであるが、植物の成長に必要な陽光は朝日である。

特に、ゴムの木のような南方産の観葉植物の鉢になると、それが著しい。植物たちに必要なものは午前の陽光であって午後の陽ではない。では南方産の稲にとってもそれは例外ではない筈である。

稲作農耕の弥生人たちがそれを知らない筈がない。わたしはこの日隈思想に、稲作を主とする農耕民族の日照権争いの原型を思うのであり、神武東征もまた、より早く、より良く朝日の射す土地を求めての移住ではなかったかと思うのである。

日向（ひうが）とは地名ではなく、日向（ひむかい）であり、向かうべき日とは朝日であった筈である。そして朝日は常に東にある。古代の稲作民族は朝日を求めて、日本列島を東へ旅したのであろう。

もし吉野ヶ里の墳丘墓の被葬者が女王であるとするならば、此処はまさに稲作民族の女神たる天照大神を祀る伊勢神宮の原点といえるのかも知れない。此処には「朝日」という地名が今も残っている。

そして墳丘墓を女神を祀る伊勢神宮とするなら、猿田彦を祀る日吉神社は、さしずめ「その中間の俗的世界の大和」を象徴しているのかも知れない。何故なら猿田彦命は、天孫降臨に際して下界（俗界）での案内役をつとめた神だからである。

そして、このように考えたとき、第二の謎が生じる。何故に、出雲大社に相当する神社が日隈山にないのか、という疑問である。日隈山は、失われたものの象徴として存在しているのではないか――。

「肥の河上」の謎を解く

わたしの脳裏に、もう二十数年も前に読んだ『まぼろしの邪馬台国』の次の一節が去来するのである。

「古事記、日本書紀の編纂に当たって、『日』が『賓』または『干』の字で書かれていたなら、歴史も国文学も今のような混乱は避けられたであろう。それをあえて日の字を用いたところに、邪馬台国を意識的に隠蔽しようとした意図があるように思われてならない。この日輪には、きっと陰がある。その陰の部分に邪馬台国があるのではなかろうか」

神話は、九州の歴史を出雲地方に移したものだと宮崎康平氏はいう。わたしがそれに初めて気がついたのは、昭和五十五年『七福神物語』執筆中であった。

『古事記』はいう。天の真名井《まない》の誓約《うけひ》（これを宮崎康平氏は、天照大神と須佐之男命の戦闘であり、この戦いで天照大神は戦死したという）の後、得意になった須佐之男命は様々な乱暴を働いた揚句、天照大神が忌服屋《いみはたや》にこもって神御衣《かむみそ》を織らせているとき、その屋根をぶち破って天斑馬《あめのぶちこま》を逆剥ぎにして投げ込んだために、織女が驚いて梭《ひ》で陰上《ほと》をついて死んだというのである。

この物語では、天照大神の時代に織布《はたおり》がすでに行われていると同時に、それが神聖で、然も秘密の作業であったことが判るが、唐津市佐志笹ノ尾、同八幡西、枝去木《えざるき》女山《おんなやま》、北波多村徳須恵馬場川、三日月町龍王（いずれも佐賀県下）で発掘された縄文後期の組織痕土器に、布目の圧痕があったところから、考古学界では、日本に於ける織物の使用や製造が縄文晩期に九州ではじまったことを物語る貴重な資料とされているというが、これも『古事記』の天岩戸の物語の舞台が九州（佐賀）であることの、一つの傍証になるのではあるまいか。

更にもう一つ、舞台を佐賀ではないかと思わせるものに、八俣《やまた》の大蛇《おろち》の物語がある。『古事記』は次のように述べている。

「政《かれ》、避追《やら》はえて、出雲国の肥の河上、名は鳥髪という地《ところ》に降りたまひき。此の時箸、其の河より流れ下りき。是に須佐之男命、人其の河上に有りと思ほして、尋ね覓《もと》めて上り往きたまへば、老夫《おきな》と老女《おみな》と二人在りて、童女《おとめ》を中に置きて泣けり」と。

すでに取り上げた「八俣の大蛇」の文章であるが、此処で問題にするのは、須佐之男命が降りたった地が「肥の河上」であるということである。

出雲の肥の河とは、現在の斐伊川であり、河上とはその上流だといわれている。だが、出雲の国の斐伊川を何故に「肥の河上」と表現しているのであるか疑問であるが、疑問はこのほかにもある。

櫛稲田姫は奇しき稲田――すなわち美しく耕された美田を意味することは定説になっているが、須佐之男命が降り立ったところがすでに斐伊川の河上――すなわち上流であり、そこを更に箸が流れて来た上流へと遡ったというのである。そのような上流に当時果たして美しい稲田があったか、という疑問もあるが、ここで解決して置きたいのは「肥の河上」という地名の謎である。

『古事記』は九州を次のように名づけている。

「次に筑紫の島を生みき、この島も亦身ひとつにして面四つあり。面《おも》ごとに名あり。故《かれ》、筑紫の国は白日別と謂い、豊の国は豊日別と謂い、肥の国は建日向日豊久士比泥別《たけひむかひとよくしひねわけ》と謂い、熊曽《くまそ》の国は建日別と謂ふ」と。

これについて学者は次のように解説している。

「この『筑紫』は九州の総称。次の『筑紫の国』は福岡県の大部分。『豊国』は大分県・福岡県の一部。『肥の国』は熊本県（球磨地方を除く）・長崎県・佐賀県・宮崎県。『熊曽の国』は熊本県球磨地方・鹿児島県。九州の国名は『日』（太陽）と『別《わけ》』を含むのが特徴。後に天照大御神の誕生と天孫降臨の重要な舞台となる」（新潮日本古典集成『古事記』の西宮一民校注に拠る）と。

この解説で聊《いささ》か疑問に思うのは、肥の国のなかに宮崎県を加えていることと、熊本県の球磨地方を除いていることとである。

ここには従来の日本歴史の定説に辻褄を合わせるための作為があるように思うのは、わたし一人であろうか。

すなわち、肥の国は建日向日豊久士比泥別というのであるが、ここには「日向」という文字がある。天孫降臨の舞台を昔の国定教科書通り「日向の高千穂の峰」とするためには、宮崎県を肥の国に加える必要があり、一方、熊曽建《くまそたける》を現在の球磨地方の豪族とする説に従うためには、これを肥の国に加えることは出来ない。後世「熊襲」と書かれた猛々しいイメージに従えば、どうしてもこれを隼人族と同様の精悍な部族に入れる必要がある。

このように、すでにある定説や既成観念にもとづいて文章を解読、解説するのは、学問の世界では当然であるに違いないが、それでは新機軸は望むべくもない。

そして、同じことは現代仏教界の通弊ともなっている。すなわち、経典の一語一句に直接学ぶのではなくして、既成の教義や学界の定説にあわせて経典を解釈するのである。そこには経典の躍動性は失われて、徒らに固定観念的な教義のみが羅列することになる。

それはさておき、九州の国名に関する『古事記』の文章で気がつくことは、それぞれに「日別」という名称がついているのに、肥の国だけが「泥別」になっていることである。すなわち筑紫は白日別、豊の国は豊日別、熊曽は建日別であるのに、肥の国だけは同じ九州でありながら特別に長い名称であるとともに、他の国の「日別」に相当する部分は「比泥別」と書かれて、「日」の文字が使われないとともに特異性が強調されているのである。

これについて宮崎康平氏も、「後の世に火の国または肥の国と呼ばれるようになった肥前・肥後について、他の三つの国にみな日の名称がついているのにこの国だけについていない（中略）。しかも後世になると、他の三つの国からは日の字が取り除かれて、逆にこの国だけがヒの国となって残るというふしぎな現象を呈しているが、『古事記』の編纂者は何故に、出雲の斐伊川を「肥の河上」と記述したのであろうか。

『古事記』は、須佐之男命を「肥の河上」に降ろす前に、肥の国が九州であることを明記しているのである。では「肥の河上」は肥の国――すなわち佐賀か長崎か熊本のいずれかの河上でなければならないのではないか。

では「出雲」とは何か。実はここに歴史学者や国語学者が陥った大きな落とし穴があったのである。

わたしは序章に於いて、『古事記』が如何に仏教思想に彩られているかを論じ、『魏志倭人伝』に於ける「郡より女王国に至る万二千余里」の二千余里が、実測の里数ではないことを仏教経典が教えていること。そして反対に「藪入り」の語源を例に、仏教思想抜きにしては決して理解され難い事象等について述べて来たが、ここでも「出雲」の謎を解明するためには、多少の仏教思想が必要であるのかも知れない。

だが、煩雑を避けて端的に論じたい。ここにいう「出雲」とは特定の地名ではなく、八俣の大蛇の物語の舞台装置、状況設定としての出雲なのであり、八俣の大蛇の尾から出て来た剣が天叢雲剣《あめのむらくものつるぎ》と名づけられたことを考え合わせれば簡単に納得がゆく筈である。

先にも触れたが、八俣の大蛇の物語では、学者は既に幾つかの間違いを犯している。すなわち、櫛名田姫（櫛稲田とも書く）という美田を生み育てた筈の両親である手名椎・足名椎を、美田から収穫される早稲《わせ》や晩生《おくて》の稲の精霊と解し、あるいは「高志の八俣のをろち」の「高志」を「越《こし》」と解したにもかかわらず、それを福井県や遠い異郷などと解説していることである。

この解釈によって、八俣の大蛇の物語が象徴する「煩悩即菩薩」の仏教思想は完全に、唯物史観的常識のなかに埋没するのであるが、同じことが「出雲」にも言えるのである。

ここでは、出雲は、文字通り雲が出る――すなわち雲が生ずることである。同時に煩悩を象徴するものでもあり、須佐之男命を人間界に下生せしめるための煩悩を意味する。

人間が煩悩によって誕生するように、この世界もまた煩悩の黒雲によって形成される。

真言密教の本尊は如意宝珠であり、それは龍王の脳中にあるともいわれているが、如意宝珠は意に従って宝を雨降らし、龍は雨を降らしてこの世界を化作《けさ》するものといわれている。

すなわち雲となり雨となって降り灌ぎ、川となって流れて海に灌ぎ、再び水蒸気となって上昇して雲となり雨となる――という、この水の天と地をつなぐ循環による物質（現象）界形成の作用が龍にたとえられているのである。

雲は煩悩の象徴であると同時に現象世界を造り出すもとでもあり、天上界に於ける乱暴狼藉――すなわち嵐を象徴する須佐之男命の登場と、そして大洪水を象徴する八俣の大蛇の物語に、「出雲」は不可欠の舞台装置であり状況設定だったのである。

『古事記』は「肥の河上」と記しているにもかかわらず、「出雲国の肥河《ひのかわ》の川上に」と解説しているものがあるが、これなどは原文に基づいて忠実に解釈しようとするのではなく、自らの定説や既成観念に原文の方を合わせようとする典型のように思われるのである。

「出雲の国の肥の河上」の一語にわたしは、権力の命によって、肥の国の物語を出雲の国の物語として移し替えることを余儀なくされた『古事記』編纂者の、深い仏教知識に裏打ちされた巧緻なまでの抵抗を憶《おも》うのであるが――。

日隈山の美しい姿にわたしは、何もかも奪われながらも沈黙を余儀なくされたものの哀しさを憶《おも》うのである。

平成九年六月、漸く宿願を果たして古湯温泉に一泊したわたしは、嘉瀬川に今なお大規模な治水工事が行われているのを目のあたりにして、八俣の大蛇はまさに嘉瀬川であり、「肥の河上」とは河上神社のあたりではないかとの思いを強くしたものである。

この治水工事は、新たにまたダムが造られているのだと聞いたが、嘉瀬川は今なお暴れる大蛇と化しているのである。

河童に出会う

文章に起承転結、物語には伏線が必要であるように、人生にも起承転結や伏線があるもののようである。だが、それは文章や物語の構成と違って、人為を超えたものである。

淀姫大明神の謎を追うわたしの旅の物語にも、これまで幾つかの伏線があったと思われるが、この旅も終わりに近くなって、それを痛感させられる出来事に遭遇したのである。

平成十年の或る日、わたしは、京都駅八条口のアバンティの書店で一冊の本に出会った。そして、この本がわたしの旅を終わり近くに導いたのである。

だが、その本は、わたし自身が選び出したのではなかった。

広いコーナーに溢れる古代史関係の新刊書を物色していたわたしは、同行してくれていた女性に「主幹さん、こんな本がありますよ」と言って、一冊の本を差し出された。それは何やらおどろおどろしい装丁の本で『闇の日本史』と題し、著者は沢史生という人であった。

そして表紙カバーには「河童鎮魂」とあり、「八世紀初め、八百万の神々は記紀の世界に封じ込められ、神の座を逐われた神々は鬼や天狗、河童におとされた。これは古代王権に

『くろがね』を奪われ、闇の世界に葬られた神々、妖怪とされたワダツミたちの流亡史である」と記されていた。

余談であるが「主幹」とは『六大新報』に於けるわたしの呼称であり、この女性は『六大新報』の同人、主筆就任時からわたしを支えて来たスタッフの一人である。

彼女が『闇の日本史』を見せにきたのは、『河童鎮魂』と書かれていたからであったが、彼女が河童に関心を持った背後には、実は次のような出来事があったのである。

それはもう随分古い話である。過去幾たびかわたしは九州へ車を走らせたことがある。たいていスタッフが同行するが、彼女もその一人であった。

或る時、終夜車を走らせて真夜中九州に入った。目的地を訪れるには時間が早過ぎた。止むなくわたしたちは広い田園地帯の中に車を停め、夜明を待って仮眠することにした。

そこは、穀倉地帯といわれる佐賀平野のなかでも特に米所として知られる「白石」という処で、目的地へはあと僅か一時間余の処であった。遠くに筑紫山脈が黒々と連なるほかは見渡す限り唯水田のみ、人家の蔭も稀であった。

季節がいつであったかも記憶にはない。ただ月光のみが皓々と水田を照らし出していたことだけが、今も脳裏に鮮やかであるが、その水のような月の光の中でわたしたちは仮眠をとろうと努めたものである。

狭い車中での仮眠は容易ではない。眠れないままに、ふと窓外に目をやったわたしは、車のすぐ後ろに、月光に照らされて鈍く鉛色に光る沼があることに気がついたのである。それは底無しの深さを思わせる不気味な水の色であった。

その時わたしは、半ば本気で河童が現れるのではないかという不気味さを覚えたのである。車ごとずるずると沼の中へ引きずり込まれそうな恐怖に襲われて、わたしは車を移動させた。端的にいえば、その場を逃げ出したのである。その恐怖はわたしだけではなく、同乗者すべてのものであったのであろう。

彼女にとっても、その時の不気味さは余程強烈に記憶の奥深くに残っていたのであろう。だからこそ、溢れる書籍の洪水のなかで、小さな「河童」の文字が目に飛び込んで来たのであるに違いない。

然しわたしは、その時はたいして興味をひかれた訳ではなく、折角彼女が持ってきたのだから、そのうちに読んでみようか、という程度の軽い気持ちで、購入する本の中の一冊に加えたに過ぎない。

さて、帰ってきて『闇の日本史』をぱらぱらとめくってみて驚いた。そこにわたしが見たものは、まぎれもなく「淀姫大明神」の名であった。然も長い年月をわたしが求め続けてきたその正体が、ルーツから詳説されていたのである。

九州は河童の故郷である。筑紫平野を流れる筑後川や遠賀川などの大河はもとより、佐賀の農村地帯を縦横に仕切られている灌漑用のクリーク（掘割り）も、幼少年時代のわたしたちには河童の棲家であった。

単独で泳ぎにいったり、或いは旧盆過ぎに泳いだりすると、河童に水中に引きずり込まれて尻の穴から肝を取られると、母親に脅かされたものであるが、そんな母の脅しに真実味を加えるように、クリークの水面を覆う水草の間にのぞく水の色は濁り、底無しの不気味さを感じさせたものである。

なかでも特に幼少年のわたしたちが恐れたのが蓮の沼であった。夏、ここには夢のように美しい大輪の花が咲き、花の後には如雨露の灌ぎ口のような形で結実した。その大粒の蓮の実が子どもたちには魅力であったが、大人たちの話では、此処が一番恐ろしい処であった。

鉛色に濁る水の底には、子どもなどは呑み込んでしまうほどの泥土の堆積があり、ひとたび足を取られるとずるずると泥の中に呑み込まれて、決して助からないと脅かされたものである。事実、子どもの頃のわたしはよく、溺れた子どもを大人たちが取り囲《かこ》んで、必死に人工呼吸をしている光景を目撃したものである。

『闇の日本史』の頁をめくりながらわたしは、幼少年期からわたしの深層意識のなかに棲みついていた河童が、初めてわたしの前に姿を現したような気がしたのであった。

白石という処で

あの、車の中から見た鉛色に光る沼の不気味な経験が彼女に無ければ、そしてわたしに幼少年期の河童の記憶が無ければ、わたしは『闇の日本史』には邂逅しなかったに違いない。では、今では何時であったかでさえ定かではない、あの遠い沼の恐怖の経験は、淀姫大明神の謎を解かしめるために、淀姫大明神じたいが敷いてくれた伏線であったのかも知れない。伏線というのは、言葉を変えると必然ということである。必ずそうなるための意志のようなものが、わたしたちの背後で働いているのかもしれない――と、そんな思いを起こさせたのは、其処が「白石」という地名だったからである。

実は、この沼の話には、その前に、わたしにとっては大変重大な経験があったのである。その経験も何時のことであったか、記憶は定かではない。沼に河童を想像したのと同じ時であったか、別の時であったのか、兎も角、同じ白石での事である。

その時も白石を通ったのは真夜中であった。白石の水田地帯をほぼ東西に横切って六角川が流れている。わたしが通りかかった時、六角川に架かる橋梁の大改修工事が行われていたのである。

余程急ぎの工事であったのか、深夜にもかかわらず浩々たる照明のなかで、ショベルカーやブルドーザーが唸りながら動き回っていたが、わたしは、其処に大きく掲げられている橋梁修復工事の看板に、図らずもわが旧姓を見たのである。橋の名は古川橋であった。

わたしは幼い時から、わが父の父祖の地がこの少し先の高橋という処であると聞かされていた。

曽ては廻船問屋として栄えていたが、父の祖父の代には没落して、佐賀県佐賀郡北川副村大字木原に居を移した。父の父——すなわち、見たこともないわたしの祖父の名は市左衛門というが、それはその名の当主の時代に最も栄えたために、昔日の栄光にあやかるべく名づけられたという。だが、彼は家運を旧に戻すこともなく、仁徳者として近隣の人びとに慕われながら、歳の離れた若い未亡人と五人の子どもを残して早逝している。次男の父が九歳の時である。——以上は、父がことある毎に子どもたちに語り聞かせていた古川のルーツである。

高橋は、今では温泉で有名な武雄市に編入されているが、わたしが汽車通学していた少年の頃は、武雄駅の一つ手前に急行列車も準急列車も停まらない「高橋」という国鉄佐世保線の小駅があり、その辺りだけが国道三四号線の白っぽい道路沿いに埃を被った家並みが続いていたが、時たまに通るバスやトラックが埃を捲き上げて唯通り過ぎるだけ、どの家も固く閉ざして、まさにゴーストタウンのような高橋の町を車窓に眺めながら、どうしてこのような処で廻船問屋が営めたのであろうかと、子ども心にも疑問に思い続けていたものである。

その遠い日の疑問が解けたのである。白石という処で、わたしの旧姓と同じ名称の橋が架かっている六角川は、地図で遡ってみると、間違いなく我が父祖の地「高橋」に通じていたのである。

そしてこの川は古川橋を過ぎると間もなく、父の一代記ともいうべき旧著『霊験』に登場する小城《おぎ》の霊場「清水の瀧」に源を発する牛津川と合流して、住ノ江港から有明海に灌いでいる。

表面的にはわたしとも、淀姫大明神とも何の因縁も考えられない「白石」という処でわたしは、淀姫大明神の謎を解く機縁とともに、わが父祖の地が高橋であったという確証をも得たのである。

そして、淀姫大明神の名も高橋の名もともに今は亡き父の口から出たものであった。父の言葉が決して虚言ではなかったことが、数十年を経て白石の地で証明されたのである。如何なる因縁がこの地に隠されているのか――。

漂泊の民が奉じた女神

『闇の日本史』に出会ったわたしは、『鬼の日本史（上・下）』『閉ざされた神々』等々沢史生氏の著書数冊を買い込んで、一気に読了した。そしてまさに目から鱗の感を禁じ得なかった。

沢氏の著書の至るところに淀姫大明神の名が出てきた。まさにそれは溢れるが如くにであった。

余りにも多く、余りにも詳しく説かれているために、逆に整理し要約するのに困惑を覚えるほどであったが、いま著者の意には添うまいとは思うが、未整理の頭で要約すれば、淀姫大明神のルーツは次のようになるのであろうか。

——大和王権成立より遙か以前の「倭」と呼ばれていた時代に、九州を中心に活躍していたのは「倭人」たちであった。彼らのルーツは華南の沿岸地帯であり、アタ族と呼ばれた彼らは漂泊の民として「海《あま》（天）照る神」を奉じて日本各地へやって来た。

そのルートはさまざまで、中国江南地方から朝鮮沿岸部を通って北九州に到着したもの、福建・広州地方から台湾、沖縄経由で南九州や有明海沿岸に到着したものと、さまざまであったに違いないが、共通するものは、彼らが奉じた「天后」または「天妃」と呼ばれた海神（わだつみ）であった。

中国的には「ニャンマ」と呼ばれるこの神女は、またの名を「娘媽《のうま》神女」といい、この「御娘媽神（みのまのかみ）」がわが国では水沼（みぬま）の神――すなわち弁財天などの水辺の神となったというのである。水沼（みぬま）はまた妻沼（めぬま）にも変化している。

この娘媽が神として祀られるようになった経緯は次のように伝承されている。

広東から福州の沿岸で漁をする貧しい漁師の娘であった娘媽は或る日、立派なジャンクの船主に乗せて欲しいと懇願したが、娘媽のみすぼらしい身なりに、船主はにべもなく拒絶した。悲しむ娘媽を見かねた貧しい漁師が、小さく粗末な自分の漁船に娘媽を乗せてくれたのである。

そして二隻の船は港を離れたのであるが、それから間もなく海は大時化となり、娘媽を拒んだ大船は大波に打ち砕かれて沈没し、漁師の小舟は不思議にも助かったのである。

嵐が過ぎ去って、漸く我に返った漁師が振り返って微笑みかけた時、娘媽の姿は目くるめくばかりの光に包まれて昇天し、海面を隈なく照らしながら消えていったのである。

そして、海の女神に救われたことに気付いた漁師は、丘の上に廟堂を建てて「娘媽神女」

として祭祀したのが、娘媽信仰の濫觴だといわれ、そのそもそもの信仰圏は中国・華南地方の海岸部であるが、「島々に雲遊する女神」といわれているように、南シナ海や東シナ海の広い水域が信仰圏であったと思われ、広東省の媽港（マカオ）島、ポルトガル領マカオの媽閣廟（マコミュウ）、天后廟。また福建省の馬祖（マーツー）島、台湾・嘉義市の北港媽祖廟（ペイカンマーツーミャオ）、新港の媽祖廟、台南市の大天后宮等々の地名に信仰の足跡が残されている――と。

以上はすべて、沢史生氏の『閉ざされた神々―黄泉の国の倭人伝―』によって要約したのであるが、同書は更に続けて次のように述べている。

『元史、祭祀志』には、娘媽神女が『南海女神霊恵夫人』と書かれている。『南海』はのちの広州、広東であり、隋の滅亡（六一八年）した六世紀はじめごろまでは、その地が南海であった。

一説では娘媽は宋時代（十一、二世紀）の人とも、閩（びん・九〇九―九四五年）の国（福州を都とした）の人ともいう。だが、その時代には『南海』はすでに『広州』と呼ばれていたので、娘媽に関わる閩の国とは、それ以前の紀元前七世紀ごろから存在していた閩ではないかと思われる。

当時の閩国は揚子江以南の広域を領有していた。それが、いわゆる春秋時代の戦乱で敗退し、江南の揚州辺りは呉と越の手にかかって、むしり奪られるという憂き目を見た。

さらに閩の本拠である閩中（福州）から南海地方も、紀元前三世紀の末には、秦の始皇帝による天下統一で、旧閩国の民はことごとく蛮族として海辺に追いつめられ、逐《お》い落とされてしまった。以後、実に二十数世紀にまたがり、虐げられた底辺の生活がはじまった。これが海人（あま）として知られる今日の蛋（蜑）民族である。

余談になるが、熊本県八代市の不知火海に注ぐ球磨川河口に『河童渡来の碑』がある。伝承によると、昔、呉の国から九千坊とよばれる河童の一族が、この地に上陸してきた。河童の眷族はやがて日本の各地に拡散して繁殖を遂げた。八代市では河童渡来にちなみ、旧暦五月に河童祭を催している。祭の日、こども達は『オレオレデーライタ』と掛け声をかけ、『渡来河童大明神』のお札を口にくわえ、球磨川に飛び込む。

オレオレデーライタは『呉の国から、ようこそいらっしゃいました』の意味だという。この伝承は非常に重大な要素を含んでいる。九千坊なる河童の群が呉の国民ではなく、呉の軍勢に滅ぼされ、土地を収奪された江南の閩人が、以後の永い抑圧にたえかね、ボートピープルとなって、九州に新天地を求めたのではないかと考えられるからである」（沢史生著『閉ざされた神々』）と。

ボートピープルとなって新天地を求めるためには、当然造船と航海術が必要であるが、そのような大昔に優れた船と航海術があったかという疑問に答えて、沢氏は、昭和五十二年二月二十七日付読売新聞の次のような記事を紹介している。

「華南の広州で、このほど大規模な造船工場の遺跡が発見された。遺跡の年代は秦漢時代（前二二一年―三〇〇年）で、遺跡の中心部分には、並行して三つの造船台があり、船台の滑走台の長さは八十八米以上に達する。この船台からは幅六米乃至八米、長さ三十米もの巨大な木造船が、建造されたと見られる。

遺跡からは鉄鋳物、鉄釘、鉄棒や砥石も発見されているが、船場の構造は現代における造船場の船台や、滑走道からの進水の基本原理とも一致している」と。

そして更に、「中国では春秋時代（前七七〇年―前四〇三年）の呉越地方に、すでに造船工場が設けられていたとされ、広州（当時は南海と称した）での発見によって、事実の一端が立証された訳である」と、沢氏は述べている。

このことから推察されるのは、これらの古代人たちが如何に造船や航海術や気象学に長けていたかということと同時に、採鉱冶金にも長けていたかということである。権力が最も必要とするものである。

それはともかく、娘媽神女の「娘」という文字には、この神が貧しい漁師の娘としてこの世に現象したことが表現されており、「媽」という文字は「母」という意味である。恐らく庶民に幸せを齎《もたら》す母ということを表現しているのであろうと思われるが、沢氏の説によると、日本に辿り着いたボートピープルたちが、先住民との葛藤や混血のうちに同化してゆく過程で、この娘媽神女もまた様々に変容してゆくのであり、まさに諸仏諸神を生み出した母ともいえるのである。

中国の東シナ海沿いに根強い補陀落山の観音信仰も娘媽・天后信仰が仏教化したものであり、天照神も本来は金色の光に包まれて海面を隈なく照らしたという娘媽伝承に基づくものであるから「海（あま）照らす神」であり、後に海が天に置き換えられたもののようである。

そして、娘媽神女が変容した神の一人が淀姫大明神であるというのである。

海幸彦の悲劇

では、その始祖神たる娘媽や変容した淀姫神などの神々と河童とは如何なる関係があるのか――。

その前に、日本にやってきた当時のボートピープルがどのような存在であったかを知らなければならない。

「蟹は甲羅に似せて穴を掘り、人は心ほどの世を経る」というが、人間は自らの知識のみを尺度として物事を計り、判断するものである。

ボートピープルなどというと、わたしたちはついこの間までのベトナム戦争を想起し、戦火を逃がれて太平洋を漂流した難民を想像して、厄介者扱いされたように思い描きがちであるが、古代のボートピープルたちは、先住民にとっては福の神であった筈である。

確かに彼らは国家権力から追い払われた海辺の民である。然し海辺の民ということは、定着しない、常に移動する人びとということでもある。

然もそれは海上移動であるから、造船技術にも航海術にも、更には何時どのように季節風が吹くのか、目的地に行くには何時が最も風の方向がいいのかといった、気象や天文にも長けていなければならないのである。

時代はずっと下って鎌倉時代、文永・弘安の二度に亘る蒙古襲来（元寇）の絵図を見て感じるのは、元のフビライが如何に世界の覇者であり、元の将兵が戦上手であっても、それは飽くまでも内陸部、いわゆる中央アジアの平原の覇者であり、戦上手に過ぎなかったということである。

先ず襲来した元の軍艦は如何にも威圧的な大船ではあるが、喫水線上のみ高く重心の高い、見るからにこけおどしの安定度の低いものであり、威圧的な外見に重きを置いたもので、実戦には即していなかったのではないかと思われる。

　そして次には、一度ならず二度までも台風に遭遇して敗退しているということは、彼らに水軍としての知識――すなわち、海洋気象学的知識などが皆無であったことを物語っている。

　このように考えて見ると、如何に蒙古軍（元）が内陸部の覇者であったとはいえ、日本進攻の水軍を編成する以上、そこには造船や海戦、気象等々を指導するものが存在した筈であり、水軍としての知識に暗く、海戦の経験をもたない元軍に対する内部の陰謀があったのではないかと推察される。

　日本はこれを「神風」といって喜び、そのために以後の戦争に於いて戦略を誤り、遂に第二次大戦に於ける「無条件降伏」を招来するのであるが、元は何故に二度とも台風シーズンを選んで日本進攻を開始したのか、疑問である。

　余談になったが、時代が下るに従って知識や技術――すなわち文明は進むものという、わたしたちの錯覚を打ち砕いたのが、実は元寇だったのであるが、それに比べて古代のボートピープルたちは、素晴らしい知識と技術を持っていたのである。

　その知識と技術は決して海上移動に関するものだけではなく、先の造船場遺跡で既に触れたように、採鉱冶金――すなわち産鉄技術と知識、そして更に稲作や漁法等の知識と技術も持っていた筈である。

移住に先住民とのトラブルはつきものであろう。聊《いささ》かの葛藤はあったに違いないが、それ以上に彼らは先住民に喜ばれた筈である。

「えびす顔」という言葉がある。夷《えびす》とは中国では東方の未開人という意味だが、普通には外国人を意味する。戦時中に敵愾心を煽るために盛んに使用された「夷狄《いてき》」という言葉は、本来は中国の東方（夷）と北方（狄）の未開人という意味であった。それが転じて外国人をさす、それも敵意を露《あらわ》にした呼称となったものであるが、「えびす顔」とは福を齎《もたら》されて喜ぶ顔である。

古代のボートピープルたちは、稲作や漁法、製鉄技術など多くの文明の利器や先進技術を伝えることによって、先住民に受け入れられ同化していった筈である。謂わば「えびす顔」外交である。

そして何故だか佐賀の町は辻々、あるいは町家の玄関前、庭や台所の一隅など、いたる処に夷（恵比寿）が祀られている。それもほとんどが石像である。その謎は後に触れたい。

だが、やがて、その先進技術や知識が逆に彼らに禍いを齎すことになる。冒頭、稗田阿礼で論じた如く、知識や技術を奪い取ってしまえば、本来の持ち主は無用の長物どころか邪魔な存在と化し、名もなき存在として抹殺されなければならないのである。それを象徴しているのが、海幸彦・山幸彦の釣針の神話ではないか。

すなわち、彦火火出見尊《ひこほほでみのみこと》（山幸彦）は、兄の火照命《ほでりのみこと》（海幸彦）と猟具を取り替え、兄の釣針を借りて海に釣りに出かけたが、一尾も釣れなかったばかりか、釣針まで魚に呑み込まれて失ってしまい、捜し求めて渡津海宮《わたつみのみや》に行き、塩椎神《しおつちのかみ》に教えられて、海神の娘の豊玉姫命と結婚し、釣針とともに潮盈珠《しおみちのたま》・潮乾珠《しおひのたま》を得て、兄の海幸彦を降伏させるというもので、普通には、天孫族と隼人族との闘争の神話化として解釈されている。

日本古代舞踊の一つに大隅・薩摩地方で行われる「隼人舞」というのがあり、隼人の祖先火照命が海水に溺れ苦しんだ様を演ずるものだといわれている。

隼人は『広辞苑』には「古代の九州南部に住み、風俗習慣を異にして、しばしば大和の政権に反抗した種族」と解説されているが、この解説は、『記紀』に描かれている物語（神話）を日本の正史とする視点に立つものであろうと思われるが、実はここには、大和政権が如何にして支配者となったかが暗示されているようである。

すなわち、海幸彦という名が示しているのは、海からやってきた人たちであり、海の幸を持って来たボートピープル、移住者たちである。

彼らは、華南地方から中国や朝鮮半島の沿岸沿いに、各所に帰港したり、一時的な定着をしたりしながら、その豊富な知識や技術を持って日本にやって来た。海の幸という土産とともに、当然のことながら「海（天）照らす女神」を奉じてである。

海の幸というのは、魚介類だけではあるまい。優れた漁法はもとより稲作、製鉄の技術等までが海の幸として、漂海の民によって海の向こうから齎されたのである。釣針に象徴されているのは、製鉄と精巧緻密なる鉄製品の加工技術である。

「漁」は「すなどり」とも読む。砂採りであり、砂鉄・砂金を採ることを意味し、海辺の民、漂海の民たちが産鉄・製鉄のプロであったことを意味している。

そして、海幸彦が兄であるということは、取りも直さず彼らの方が先に日本に来たことを意味しているのであろう。然も海幸彦の本名ともいうべき「火照命（ほでりのみこと）」の「火」を「日」に置き換えてみると「日照命」すなわち「天照命」となるのであり、「火照命」の名に隠されているのは、海幸彦こそが「天照大神」の本家であるということではあるまいか。

加えて「天」の「あま」は海人・海士・海女・海部等々すべて「海」を意味する言葉であり、日本の神話に登場する「天」の本来は「海」を意味していたものが変化したのではないか。

一方、山幸彦に象徴されているのは何か。その名の如く山（陸）の民であり、猟具を取り替えたというのであるから、狩猟民族であったに違いない。そして弟であるということは、海幸彦に遅れてこの国に来たことを意味している。

猟具の交換は、最初は笑顔での接触を意味しているのかも知れない。そして釣針の紛失は、先住者の知識や技術の横取りであり、魚が呑み込んだというところにそれが暗示されている。

海神の娘の豊玉姫命との結婚は、海からやって来た先住者の女たちとの混血を意味すると同時に、先住民の女たちを利用しての先住民征服を意味しているのであろう。唾棄すべき色仕掛けであるが、神話の世界では意外とこの手が使われている。

例えば日本武尊が女装して熊曽建を討ったというのも、女装に暗示されているのは、女を使っての欺し討ちということであろうし、景行天皇などは熊襲梟帥討伐に際して、色仕掛けで熊襲の娘二人に父親を裏切って殺させた上、その娘まで殺している。

従って、海神の娘の豊玉姫命にも、そのような女の宿命が象徴されているのかも知れないが、この豊玉姫命を淀姫神としているのが淀姫神社である。

生まれたばかりの元気な赤ん坊を「玉のような」と形容し、息絶えることを「玉の緒が切れる」というように、「玉」は生命の象徴であるから、豊玉姫という名に象徴されているのは「豊かな生命」であり、豊かな生命を生み出す「海」であるとともに「母」でもあろう。娘媽女神に共通するものがありはしないか。

潮盈珠・潮乾珠はすなわち潮の干満であり、海そのものを意味しているのであろうが、海の働きを象徴する二つの珠で兄の海幸彦を滅ぼしたということは、海の民が持っていた知識と技術によって海の民を滅ぼすとともに、自らが天（海）照らす女神を奉ずる海の民として、とってかわったということを暗示しているのではないか。それを暗示する文章が『古事記』にある。

すなわち、山幸彦が渡津見宮《わたつみのみや》に現れた時、豊玉姫が「わが門に麗しき人あり」と言ったところ、海神自らが門に出てみて、「この人は、天津日高《ひこ》の御子、虚空津日高《そらつひこ》ぞ」と娘に言うのであるが、この「そらつひこ」が問題である。

「虚空津日高《そらつひこ》」の「虚」も「空」もともに空《むな》しい、空《から》っぽ、実がないという意味であり、そして「そら」とは「空涙《そらなみだ》」「空言《そらごと》」と言うように「嘘」を意味する言葉である。

では、海神が娘に言った「この人は天津日高（すなわち天皇）の王子である虚空津日高である」という言葉の本当の意味は、正当な日嗣《ひつぎ》を名乗ってはいるが、偽の日嗣であるぞということになる。

そして、このことについては『闇の日本史』の著者も、大和にかかる枕詞としての「虚見《そらみ》津《つ》」を嘘の意味、すなわち大和政権の欺瞞性を表現するものだと解釈されている。

加えて、兄の「火照命」という簡単な名前に対して、弟の「彦火火出見尊」という名称は聊か仰々しいのである。

「彦」は普通には男を意味するが、この場合は「日子」すなわち日嗣の子を意味している上に、更に「火」を二つも重ねているのである。そこには、俺の方こそ「火（日）」の正当なる継承者であるとの主張が見られると同時に、反面には、火の上に火を重ねた——すなわち、本来の火の上に後からまた火を重ねた——すなわち、火の偽物であるとの意味が隠されているようにも思われる。

そして更にまた、同じく「みこと」と読ませながら兄の海幸彦は「命」であり、弟の山幸彦は「尊」であるが、そこに隠されているのは何か。

すなわち、その意味するところは「命ほど尊いものはない」ともとれるが、そうであるとすれば、「命」に象徴されているのは「本来」あるいは「本質」であり、「尊」に隠されているのは「後から出来たもの」という意味ではないか。

同時にまた、「命」には見えざるもの、隠されたるもののニュアンスが強く、「尊」には現れたるものとの感じが強いように思われるが、牽強付会に過ぎるであろうか。

だが、いまわたしが述べたような推理は、『古事記』の神話のすべてに当てはまることである。

ところで、この海幸彦・山幸彦の物語で、舞台が佐賀（有明海）であることを連想させるものがある。朝の干満を意味する潮盈・潮乾の二珠である。

海幸彦はこの二つの珠に攻められて苦しんでいるが、それは干満の差の大きさを意味している筈である。有明海がまさにそれである。潮が干いた時、有明海は見渡す限りの陸地となる。勿論、有明海特有の泥潟であるが――。然し油断していると満ちくる大波にさらわれることになる。

そして、ここで想起させられるのが、『古事記』に記されている九州の国名のなかの、肥の国の特異性である。

すなわち、他の三つの国は白日別、豊日別、建日別というように簡単で、然も日別というのに、肥の国だけが建日向日豊久士比泥別と長ったらしい上に、日別ではなく泥別というのである。

火照命に比べて彦火火出見尊の仰々しさと相通ずるものがあるとともに、泥別とはまさに有明海の佐賀県側の、あの見渡す限りの泥潟を表現する言葉のようである。

天岩戸が物語るもの

わたしは先に、『古事記』のもととなった語り部の稗田阿礼とは、大和政権に、というよりも藤原一族に都合よく換骨奪胎されてしまった仏教（その他ヒンズー教など）思想を指しているといった。「アレ」とは名も無き存在、すなわち否定を意味すると――。

自らが他の思想を横取りしてしまった以上、本来の持ち主は否定せざるを得ないのである。遅れて来た山幸彦の一族は、先に来て先住民と同化していた海幸彦一族の知識や技術、特に権力の象徴であるとともに、国内を鎮め外的と戦う武器ともなる鉄（鉱山や製鉄技術など）を奪うと、本来の海幸彦になりすますために、本物の海幸彦の抹殺に取りかからざるを得なくなったのである。

国を治めること、すなわち政治を「まつりごと」というように、政治の中心には常に神があった。邪馬台国の女王卑弥呼が鬼道による神の御託宣で人心を収攬《しゅうらん》したように――。それは神の権威に拠らなければ国を統《す》べることは不可能ということであったのかも知れない。そうすると、権力にとって、自らが奉戴《ほうたい》する神は冒すべからざるものであると同時に、それ以外の神は存在を許すべからざるものとなる。

現代でさえそのような傾向の国と宗教があるが、古代はなお更であったろう。宗教を抜きにしては古代史を語ることが出来ない理由がここにある。

『古事記』の「天岩戸《あまのいわと》」の物語も一種の宗教と権力闘争の物語であるに違いない。すなわち、天照大神との「天の真名井《まない》の誓約《うけい》」に勝った須佐之男命は、得意になって天照大神の国を壊したり溝を埋めたり、新嘗の御殿に糞を撒き散らしたりするが、天照大神は怒らない。

天照大神は稲作の神であり、稲作民族の女王でもあるが、稲作民族は本来専守防衛民族である。自己の収穫を略奪者から護る以外には闘わない。環濠集落がそれを物語っている。

一方、遊牧騎馬民族は戦闘民族である。戦いのプロ集団である。先に定着していた稲作民族を征服するのは容易であった筈である。この間《かん》の戦闘情況を描いているのが「天岩戸」の物語である。

溝を埋めたり、新嘗の御殿に糞を撒き散らされても怒らなかった天照大神も、忌服屋《いみはたや》に籠って神御衣《かむみそ》を織らせているときに、屋根を破って、天斑馬《あめのぶちこま》を逆剥ぎにして投げ込んだため、驚いた天衣織女《あめのみそおりめ》が梭《ひ》で陰上《ほと》を衝いて死ぬと、さすがに怒り、天の石屋戸《いわやと》を開いてその中に籠ってしまうのである。

そのために天地は暗黒となり、さまざまな禍《まがごと》が起こり、八百万の神々が集まって思金《おもいかね》の神に考えさせた結果、石屋戸の前で天宇受売命《あめのうずめのみこと》が踊り、何事ならんと天照大神が戸を少し開けたところを、手力男《たぢからお》の神が手を取って天照大神を外へ引き出すという、敗戦以前の歴史教育を受けた者なら誰もが知っている物語である。

天の真名井の誓約《うけい》というのは、天照大神と須佐之男命の闘いである。天照に象徴されているのは「海（天）照らす女神」すなわち海神であり、先に来た海辺の民、わだつみたちであり、須佐之男命に象徴されているのは、遅れて来た陸の渡来者たちであろうか。皮を逆剥ぎした馬の死骸を投げ込むというのだから、稲作民族や漂海の民ではなく、狩猟民族である。田を壊し、溝を埋め、新嘗の御殿に糞を撒き散らすという須佐之男の乱暴狼藉が、戦闘の熾烈さを物語っているようである。

『古事記』は「常田《つくだ》のあを離ち、その溝を埋み」と表現しているため、学者はこれを「天照大神が作っている田の畦を壊して境をなくし、灌漑の溝を埋めて」（『新潮日本古典集成「古事記」』）と解釈しているが、後に続く「大嘗《おほにへ》聞こします殿に屎まり散らしき」すなわち、神聖なる神の御殿に糞を撒き散らすという乱暴に比べるとき、聊《いささ》かその解釈では物足りなさが感じられる。

「営田のあを離ち、その溝を埋み」という表現からわたしが想起したのは、環濠集落の吉野ヶ里遺跡であった。

平成元年四月、吉野ヶ里フィーバーの最中、わたしが訪れた吉野ヶ里遺跡は周囲を水田に囲まれて、当に『古事記』のこの表現を想起せしめたのである。

当時は押すな押すなの見物客で、俄作りの駐車場は常に超過密で近づけないまま、遠く離れた農道に車を停めたものだが、その時わたしの脳裏には、雄叫びをあげながらこの水田を踏み荒らして畦を壊し、溝を埋めたてて攻め込む須佐之男（それはまさに狩猟を事とする荒ぶる男たちであったに違いない）の軍勢の幻影があった。

「田を壊し、溝を埋め」というのは、決して悪戯程度の乱暴狼藉ではあるまい。田を壊したのは、殊更に悪戯で壊したのではなく、田を踏みにじって軍兵が襲撃したのであり、或いは溝を埋める為に田の土を掘り出したのであろう。

溝を埋めたのも、灌漑用の溝を埋めたのではなく、集落じたいを守る環濠を埋め立てて攻め込んできたのではないか。墳丘墓に残されていた首の無い遺体や鏃や刀傷の残る骸骨など、凄まじい戦闘を偲ばせる遺体が幻想を誘ったのであろう。

大嘗の御殿に糞を撒き散らしたのは、稲作民族が奉じる神（宗教）の否定を意味する。そして神の否定は、その襲撃がたんなる食糧の強奪などという小さな目的のものではなく、民族征服すなわち権力奪取が目的であることを物語っている。

だが、それほどの襲撃であったにもかかわらず、この時点では天照大神はまだ怒ってはいない。『古事記』は「天照大御神はとがめずて（咎めないで）告らしく」と表現しているが、怒って天岩戸（石屋戸）に隠れることが死を意味するのであれば、咎めない――すなわち怒っていないということは、未だ生きているという意味になる。

戦闘慣れした須佐之男軍の凄まじい襲撃にも拘わらず、天照大神は何故戦死しなかったのか。其処に居なかったからである。では何処に居たのか。すなわち忌服屋《いみはたや》である。彼女は其処で神御衣（神に奉る衣）を織っていたのである。

忌むというのは、人の近づかない処、あるいは近づいてはならない禁忌の場所を意味している。そして神に捧げる衣を織っていたというのであるから、恐らく此所は男子禁制の秘密の場所ではなかったか。

神に捧げる神御衣とは絹織物ではないかと思われるが、もしそうであれば、其処は企業秘密の場所であったであろう。

ここで想定されるのが、『魏志倭人伝』の女王卑弥呼の居住場所の叙述である。

『倭人伝』はいう。

「其の国、本亦男子を以て王と為し、住《とど》まること七・八十年。倭国乱れ、相攻伐すること歴年、乃ち共に一女子を立てて王と為す。名づけて卑弥呼と曰う。鬼道に事《つか》え、能く衆を惑わす。年已に長大なるも、夫婿無く、男弟有り、佐けて国を治む。王と為りしより以来、見る有る者少なく、婢千人を以て自ら侍せしむ。唯、男子一人有り、飲食を給し、辞を伝え居処に出入す。宮室・楼観・城柵・厳かに設け、常に人有り、兵を持して守衛す」と。

ここで留意すべきは、女王になって以来その姿を見た者が居ないということと、千人の女にかしずかれているということである。

弥生時代最大規模の環濠集落遺跡として吉野ヶ里が発掘された時、もしや此処が『魏志倭人伝』にいう「邪馬台国」ではないかという憶測が飛び交った。

一面の水田のなかに帯状に伸びているなだらかな丘陵の遺跡を遠望しながら、わたしは、此処が邪馬台国であったとすれば、女王卑弥呼は何処に居住しておれば、女ばかり千人にかしずかれて、その他の者には見られることなく生きることが出来るのであろうかと、疑問に思ったものである。

考えられることは唯一つ、女千人と共に別の場所に居住していたということである。では、千人の女はただ卑弥呼の侍女としてだけの存在であったのか。たとえ千人というのが文字通りの千人ではなくても、かなりの数を意味している筈であり、それほど多くの女性を遊ばせておく筈はなく、考えられることはこれまた一つ、すなわち養蚕であり、機織《はたお》りであったに違いない。

そして、養蚕のためには桑の木の栽培が必要であり、そのためにはかなりな面積の畑が必要である。其処は卑弥呼を中心とする大勢の女たちが、衛兵に守られながら、桑の木を栽培して蚕を飼い、機織り――特に絹布を織る忌服屋《いみはたや》――すなわち隠れ山里でなければならないのである。

女王という名に幻惑されて、国の中心に厳めしい宮殿を建てて、其処に君臨していたように思い込んでしまいがちであるが、実際は離れた隠れ山里に居て、国の政治を任せている弟に神の託宣を告げていたのではあるまいか。

仮にである、吉野ヶ里を、卑弥呼の弟が政治を摂った邪馬台国とし、背振山中の古湯温泉辺りを卑弥呼の隠れ里とすれば、その中間に位置する日隈山は、邪馬台国と卑弥呼の里との絶好の連絡場所である。此処には烽火《のろし》の跡が残されている。

話を『古事記』に戻そう。

田を壊し溝を埋め、神聖な御殿に糞を撒かれても怒らなかった天照大神が、忌服屋の屋根を破られ、皮を逆剥ぎした馬の死骸を投げ込まれ、それに驚いた服織女《はとりめ》が梭《ひ》で陰上《ほと》を衝いて死ぬに及んで遂に怒り、天の石屋戸に隠れるのであるが、「隠れる」ということじたいが、昔は身分の高い者の死を意味する言葉であった。すなわち「お隠れになった」というのである。

忌服屋の屋根を破られ、馬の死骸を投げ込まれたというのは、隠れ里が発見されて襲撃を受けたのであり、馬の死骸は投げ込んだのではなく、襲撃者が騎馬隊で、戦闘による馬の犠牲を意味しているのではないか。人馬諸共もんどり打って人家の屋根を破って顚倒する闘いの凄まじさを表現しているのであろう。

そして、服織女《はとりめ》が梭で陰上《ほと》を衝いて死んだというのは、驚いたからではあるまい。学者は、女陰に梭や箸・矢などが刺さるのは神婚の儀礼を意味するので、ここでもその意味だろうと言っているが、そんな綺麗事ではあるまい。逃げ惑う女たちへの襲撃者による陵辱以外のなにものでもない筈である。

そして遂に天照大神は命を落とすのである。『古事記』はそれを「天照大御神見畏み、天の石屋戸《いはやと》を開きて、刺しこもりましき」と表現している。「刺しこもり」とは、まさにずばりの表現ではあるまいか。

以上、わたしは長々と『古事記』に於ける天岩戸の物語を戦闘シーンとして論じてきた。『古事記』を史実として解釈すると、このような戦闘シーンとなるであろうかと言うことであるが、事実このようにして権力交替が行われたのかも知れない。

だが、ただそれだけではなく、天岩戸の物語には、政権交替に伴うもう一つの重要な問題――すなわち、宗教の問題が象徴されているのではないか。

鏡の謎を追う

古代の政権交替で最も大事であったのは宗教ではなかったか。如何なる神を祀り、如何なる神のご託宣で民衆を鎮め、国を護るかが問題だからである。

そして、神のご託宣で民衆を鎮めるためには、そこに神の託宣を取りつぐ巫女（神女・皇女）の存在が不可欠となる。卑弥呼が「鬼道に事《つか》え、能く衆を惑わした」ようにである。わたしは戦闘シーンを借りて『古事記』に於ける天照大神と卑弥呼との居住場所の類似を述べてきたが、この両者の類似点はこのほかにも幾つかある。

読者は不思議に思われなかっただろうか。

天照大神はその名の如く彼女自身が神である。にもかかわらず『古事記』は、須佐之男が屎《くそ》撒き散らした御殿を「大嘗聞《おおにへ》こしめす殿」すなわち、神に供えた新穀を神と倶に食する神聖な場所だと表現し、更にまた、忌服屋で天照大神が織っていたものを「神御衣」すなわち、神に奉る衣であると記していることをである。

では、天照大神が倶に食し、自らが織った衣を捧げる神とは如何なる神であるのか。すなわち天照大神は、自らが神であると共に、卑弥呼と同じように神懸かりとなり、神と一体となって、神の託宣を告げる巫女的存在でもあったということになる。そして天照大神が一体化する神とは卑弥呼の場合（鬼道）と同じように死者の霊、先祖の霊であったに違いない。これは今になお日本に根強い信仰であるとともに、神と一体化して神となる――すなわち「現人神《あらひとがみ》」の原点がここにあると思われる。

ところで『古事記』の天岩戸には更に面白いことが記されている。

天照大神が天岩戸に隠れると、高天原は勿論、葦原の中つ国までが暗黒となり、諸々の妖《まかごと》が起こった。そこで八百万《やおよろず》の神が天の安《やす》の河原に集まって、思金《おもいかね》の神にいい方法を考えさせた結果、天の安の河の河上の天の堅石《かたしは》を取り、天の金山の鉄《くろかね》を取って、鍛人天津麻羅《かぬちあまつまら》を探し出して、伊斯許理度売命《いしこりどめみこと》に命じて鏡を作らせておいて、岩戸の前で天宇受売命《あめのうずめのみこと》に桶の上で足踏みしながら踊らせるのである。

この時の宇受売命の様子を『古事記』は次のように述べている。

「天の石屋戸にうけ伏せて、踏みとどろこし、神懸かりして、胸乳を掛き出で、裳緒《もひも》をほとに忍し垂れき」と。

要するに神懸かりとなって、乳房も陰部も露《あらわ》にして足踏み鳴らしながら、恍惚状態となったというのである。

これを見た八百万の神々が大笑いしてどよめいたために、岩戸の中の天照大神が、何事ならんと、岩戸を細めに開けて外の様子を窺った瞬間、先程の鏡を差し出して天照大神の姿を鏡に写し、「あなたよりもっと尊い神がおられるから、喜び笑っている」と宇受売が言い、更に鏡の自分の顔を見ようと身を乗り出した天照大神を、待機していた天手力男《あめのたじからお》の神がその手を取って外へ引き出すやいなや、布刀玉《ふとたま》命が尻めく縄——すなわち、注連縄をその背後に引き渡して「これより内には戻れますまい」と言ったというのである。

この結果、天照大神は再び高天原に戻り、逆に須佐之男命は髭や手足の爪を切るなどの罰を与えられて高天原を追われ、肥の河上に降って八俣《やまた》の大蛇《おろち》退治となるのであるが、今述べた天岩戸の物語のなかには、実に多くの歴史の謎を解く鍵が隠されているのである。

その鍵の一つが鏡である。端的に言おう。度々言うように、天照大神が天岩戸（『古事記』では石屋戸《いわやど》と書き、石棺との説もある）のなかに入ったということが、この神の死、あるいは抹殺を意味するのであれば、鏡に写った岩戸のなかの天照大神は、生きていた当時の天照の影に過ぎないということになる。

鏡の顔は如何に本人そっくりであっても、所詮は写し絵・影に過ぎず、本人ではない。然も左右反対である。では、この鏡に象徴されているのは、ここで一旦殺され、抹殺された天照大神が、政治的な必要性から、生命（実体）のない形だけの神として復活させられたという歴史でなければならない。

そして、ここには既にキリスト復活の思想が反映されているのかも知れない。この岩戸の物語には後に述べるように仏教（密教）思想も反映されており、本稿の冒頭より種々述べてきたように、『古事記』制作時の遙か以前に、日本は世界の宗教の坩堝と化していた筈である。

では、鏡の姿は全く別人かといえば、そうとも言い切れない。それは或る意味では神と巫女との関係に似ている。神は巫女ではなく、勿論巫女は神ではない。だが旧約聖書に「太初《はじめ》に言葉ありき、言葉は神と倶にあり、言葉は神なりき」という言葉があるが、神は自らの本質たる言葉を、己が姿を鏡に写すように巫女に写し、巫女もまた、鏡が対象の姿を写すことによって対象と一つになるように、少なくとも神懸かりの時には神と一体化し、神になっているのである。

このように互いに融合し合う性質が天照大神にはあり、鏡はそれを象徴しているのである。鏡は太陽ではないが、太陽の光を受けると反射して光り輝き、太陽の光を発するため太陽神（日神）の象徴とされているが、天照大神のまたの名を「大日孁貴神《おおひるめむちのかみ》」ともいい、太陽神とされているため、鏡もまた天照大神の象徴でもある。

このように考えてくるとき、天照大神が神に供えた新穀を神と倶に食し、神の御衣を織ることも不思議ではなくなるが、神と寝食を倶にすることによって神と一体となり、この世に於ける神の顕現としての現人神《あらひとがみ》という思想が、決して昭和の軍国時代になってから生まれたものではなく、実は『古事記』の天岩戸以来のものであったことが憶《おも》われてくるのである。ただ軍国主義者が権力の悪用に利用したに過ぎないが、実は権力の悪用もまた、昭和の軍国主義者が最初ではなく、遠く神話時代からの伝統だったのである。

天照大神の「現人神」的性格を自己の権力奪取に悪用した元祖は、実は天岩戸に於ける中臣の祖である天児屋命《あめのこやね》である。

だが、それは一応措いて、この思想の根幹を成しているものが、真言密教の「入我我入」観であり、「我即大日」の教義であることも憶われてくるのである。

すなわち、神と巫女とは大日如来と金剛薩埵の関係とでもいえよう。本質的な論になれば根本的な違いがあるが、少なくとも表面的にはそういうことが出来よう。或いは本尊と行者の関係か。

本尊我れに入り、我れ本尊に入りて一体となる二而不二《ににふに》なる妙境であり、同じく太陽に譬えられる大日如来を天照大神の本地仏として位置づける説などが現れて、戦時中には国家神道至上主義者が不敬罪で告発するなどの騒ぎまで惹起されたものだが、実は騒ぐ筋合いのものではない。

何故なら、天照大神そのものが倭人（海人・わだつみ・漂海の民）たちが信奉してきた太陽神だったのであり、皇室だけが独占すべき神ではなかったからである。大日如来を本地とすることは、むしろ天照大神を宇宙的存在へと高めることだったのである。

天岩戸劇の演出者たち

天岩戸劇に於ける推理が少し長過ぎると思いつつ、今暫く続ける——。

天岩戸劇に於ける鏡の役割は、天照大神の宗教的な理念を象徴するものであったとともに、権力の交替劇を象徴するものでもあった。

天岩戸劇を形而下的・史実的に見て、天照大神が卑弥呼と同じように巫女的存在の女王であるとすれば、彼女は此処で殺されて、権力を奪取されたことになる。

だが、その後がうまく収まらなかった。『古事記』は「万《よろず》の神の声狭蝿《おとなひさばえ》なす満ち、万の妖《わざわい》ことごと起りき」と記述している。轟々たる非難や異論百出、権力奪取の競合が各所に相次いだのであろう。そのため新たに彼女に最も近い（鏡の天照大神がそれを象徴しているのか）女王を立てたのかも知れない。

ここで『古事記』は『魏志倭人伝』と重なってくるのである。『倭人伝』は言う。

「倭の女王卑弥呼、狗奴国の男王卑弥弓呼と素より和せず（中略）。卑弥呼以て死す。大いに冢《つか》を作る。径百余歩、徇葬する者百余人。更に男王を立てしも、国中服せず。こもごも相誅殺し、当時千余人を殺す。復た卑弥呼の宗女壱與十三なるを立てて王と為し、国中遂に定まる」と。

然しわたしは、天岩戸の鏡に写された天照大神は、彼女の身近なものというのではなく、彼女の写し絵・影であり、反権力の象徴として一度は抹殺されたにも拘わらず、政権に利用すべく、いのち（実体）なき傀儡として蘇らせられたものと考えた方がいいと思う。

その理由は、天岩戸に隠れた天照大神を、鏡に写して強引に外へ引き出した者たちのなかに、後の権力者であり、実質的な『記紀』の作者との説もある藤原不比等の祖先天児屋命《あめのこやねのみこと》が居るからである。

ところで、この天岩戸の天照大神は、自分の意志で再び外界へ現れた訳ではない。意志に反して強引に、然も騙し討ち同然に再出現させられた事を忘れてはならない。そして、その騙し討ち同然の手を使った主要メンバーのなかに中臣の祖が居るのである。

読者は、わたしが先に掲げた沢史生氏の『闇の日本史』の表紙カバーの「河童鎮魂」の文章を想起して頂きたい。そこには次のようにあった筈である。

「八世紀初め、八百万の神々は記紀の世界に封じ込められ、神の座を逐われた神々は鬼や天狗、河童におとされた。これは古代王権に『くろがね』を奪われ、闇の世界に葬られた神々、妖怪とされたワダツミたちの流亡史である」と。

それが『古事記』の物語にはっきりと記述されているのである。

天岩戸の中から命の無い、写し絵に過ぎない天照大神を強引に連れ出す道具となったのは鏡であるが、その鏡はすでに掲出したように、思金神の知恵で「天安河《あめのやすかわ》の河上の天の堅石を取り、天の金山の鉄《くろかね》を取って、鍛人《かぬち》天津麻羅を求《ま》ぎて、伊斯許理度売命《いしこりどめのみこと》に作らせた」と『古事記』は書いている。

天の堅石は、高天原の鉄を鍛えるための金敷の石。天の金山の鉄は、高天原の砂鉄を含む鉱山の鉄。ここで留意すべきは、『古事記』（勿論『古事記』を作らせた権力側）が、自らをはじめ正当なる存在とするものには総て「高天原」を意味する天の何々というように、「天」の字を冠しているということである。

従って堅石も鉱山も鉄もすべて正当な自分たちの所有物だと主張しているのである。では何故に、自分たちで製鉄して鏡を造らずに、わざわざ鍛冶職人の天津麻羅を捜し出して来て、伊斯許理度売命に造らせなければならなかったのであるか。

天津麻羅というのは、不思議な名であるといわれている。何故なら「普通は神名の下には神とか命とかという敬称・尊称がつけられているものだが、この神はそれが無く、呼び捨てにされる数少ない神の一人」（川口謙二著『神々の系図』東京美術刊）だからである。

更にもう一つ、下の敬称・尊称のみならず、先に述べたように正当なる存在を意味するいるのである。

「天」の文字が冠せられておらず、その代わりのように天津と麻羅なる奇妙な名前がついている。
天津というのは、国津の対語であろうが、高天原（すなわち天を冠する）の神から見れば、国津神は大国主命に代表されるように被征服、あるいは追放された神で、一段低いとみなされているのだから、それの対語である天津も、天の誰某の命という神名よりも一段低い名称のように思われる。『国語辞典』には天津の「津」は「の」を意味するもので「天の」という意味であると解説されてはいるが、ここでは殊更に天児屋命らと区別して天津と呼ばれているのであるから、それなりの意味がある筈である。

従って、下に敬称・尊称がつけられていないこととともに、恐らく奪われた鉄鉱山や製鉄技術とともに、天孫族に隷属させられた鍛冶職人なのであろう。

或いは権力に阿って自ら氏族を裏切り、鉱山のありかを天孫族に密告した鉱山技師であるかも知れない。何時の時代にも権力迎合の密告者・裏切り者は居るものであり、この場合、動機として最も強いのが女の誘惑である。その女が伊斯許理度売命であるとすればまことに面白いドラマであるが、ハテ、果たしてどうか？

また麻羅という名については、先の『神々の系図』には「一説には、麻羅は神の名ではなく、鍛人の総称であったという説や、マラは蒙古語で鉄の義であるとの説などがある。鍛冶に必要な鎚は男根をあらわすものであり、男根を麻羅と俗称するが、その表現が案外あたっているものかも知れない」とあるが、鍛冶の鎚を男根に譬えたのはその通りかも知れないが、その根拠については、わたしは聊《いささ》か説を異にするものである。

沢史生氏の説では、鉄鉱からドロドロに溶けた鉄を生み出す火処《ほと》を、新たなる生命を生み出す女性の性器になぞらえてホトというのだそうであるが、これに対比するものとして鎚を男性性器に譬えたまでは同じであるとしても、麻羅の語源は、インド教に於ける、この迷いの世界を創り出すところの煩悩を象徴する摩醯首羅《まけいしゅら》（仏教では大自在天という）の上下を取った略語であり、男性性器を煩悩の根元として生み出された隠語であり、遙かなる古代すでに印度教や仏教が伝来していた事を物語る有力な証拠というべきである。

そして岩戸の中から天照大神を引っ張り出すために、天宇受売命がまさに性行為を表現する仕草で踊るのは、権力の象徴である鉄を創り出すことを意味しているのかも知れない。

それにしても、人名に麻羅とは随分人をコケにしたものであり、これが鍛冶職人共通の呼び名であるとすると、彼らがもとからの天孫族ではなかった――いわゆる征服され、隷属させられた者たちであることを物語っていると同時に、鉱山や産鉄技術などが、天照大神を強引に天岩戸から引き出した自称天孫族のものではなかったことの証明ともなるのである。自ら利用し恩恵を受けながら、敢えてそれを無視する――ここにも稗田阿礼は存在したのである。

中臣神道の謎を解く

さて、長かった天岩戸劇の推理も漸く最後の山場を迎えることになった。そして、これだけは是非に書いて置かなければならないと思うことが、これから書くことである。

天岩戸に隠れた天照大神を騙し討ちに強引に引き出した天岩戸劇の演出者のなかに、最も重要な役を演じた者が居る。天児屋命《あめのこやね》である。『古事記』には次のように記述されている。

すなわち、天照大神を引き出すために演じた役柄は「天児屋命・布刀玉命召《よ》びて（以下様々な祭に用いる祭具を造らせるが煩雑のため省略）。この種々の物は、布刀玉命、ふと御幣《みてぐら》と取り持ちて、天児屋命、ふと詔戸言《のりとごと》祷《ほ》き曰して」と。

すなわち、ここでの天児屋命の役目は、布刀玉命を使って祭の準備をさせ、自らは祭を主宰して祝詞《のりと》を読み上げることである。いうならばこれは祭の主役であり花形でもある。

そして次に、鏡に騙されて顔を出した天照大神を手力男神が手を取って強引に引き出すや否や、間髪を入れず布刀玉命が「尻めく縄もちてその御後方《みしりへ》に控き度《ひ》して白言ししく。『これより内に、え還り入りまさじ』」（『古事記』）となるのである。

すなわち、引き出された天照大神の後ろに注連縄を引き回して、「これより内に、戻ることは出来まい」というのである。要するに、引き出した天照大神を勝手な行動が出来ないように縛ったのである。

そして、この祭事を主宰した天児屋命こそ、後の権力者藤原の前身たる中臣の祖であり、日本神道の元である中臣神道は、実にこの天岩戸劇にその濫觴を見ることが出来るのである。

中臣というのは、神と人とを取り持つという意味であり、その一族のなかには伊勢神宮の大宮司を勤める家柄もあり、天孫降臨に際して、天照大神から「宜しく天津神籬《あまつひもろぎ》を持ちて葦原中国《なかつくに》に降りて吾孫のために斎《いつき》まつれ」と詔が為されたといい、神を祀る家柄である。

また『日本書紀』には天児屋命を「中臣連の遠祖、興台産霊子《こことむすびのみこ》（すなわち祈祷巫女）とあり、天児屋命じたいが巫女的存在であり、天照大神的性格なのである。

そして、天岩戸劇で天児屋命に召《よ》ばれて祭の道具を揃えた布刀玉命は、召されてというから、天児屋命の腹心の部下として召し使われる存在であると思われるが、「ふつ」という発音が刀を意味するとともに、中臣の氏神とされる常陸の鹿島神宮が武道の祭神であることなどを考え合わせる時、布刀玉命に象徴されているのは実は刀剣であり、武力ではないかと推理されてくるのである。事実、大化の改新のように、中臣には神道とともに常に武力がつきまとっている。

時代は遙かに下って昭和に、国家神道が軍国主義と結びついたのもゆえなしとしないように思われるのであるが、政治を「まつりごと」といい、その象徴たる際具に刀剣や矛などという武器が用いられたゆえんが、ここにあるのであろうか。吉野ヶ里遺跡から出土したのも、祭具としての有柄銅剣であった。

イスラムには「左手にコーラン右手には剣」という言葉があるというが、中臣神道もまた、神と剣とは常に一体であったのかも知れない。

異界に逐われた神々

天照大神はもと海照らす女神として、華南に発した海辺の民の母なる神であった。海辺の民は権力に追われて、或いは新天地を求めて旅する漂海の民でもあった。そして漂海の民にとって海照らす神は、昼は天に輝く太陽神となり、夜は北斗（妙見菩薩）や明星（明神）となって、新天地への航海を導いてくれる神でもあった。そして彼らは、一部は有明湾岸に到り、一部は玄界灘から北九州に到り定着した。——以上は沢史生氏の説である。

有明湾岸地帯は、日本海側の寒風を遮る背振山脈を北に控えて温暖多湿で農耕・漁業共に適し、更には深い入り江のために船は嵐を避けて停泊し、加えて干満の差が高いため、干潮時には遠く続く深い泥潟が外敵の進攻を困難にする自然の要塞の役もしており、此処には多くの海人たちが定着したと思われる。徐福一行も有明海から佐賀に上陸したと伝えられている。

宗教（神）は、その土地風俗習慣と同化し習俗となって、様々に変化しながら民衆に浸透してゆくものである。海照らす神は天照らす神となり、或いは入り江から上流へと川を遡ってゆくに従って川の神となり、沼や湖の神に変身しつつ、常に民衆とともに生きたと思われる。

だが、やがて遅れて来た同じ移住者が「日向の高千穂の峰」から降りて東征を始めた。日向の高千穂の峰というと地名（山名）のように錯覚しがちであるが、日に向かって高く伸びゆく千の穂——すなわち、豊かに稔った稲穂を意味するのであり、ここに隠されている歴史の真実は、より早く朝日を受けて豊かに稔る稲作の地を求めての東征であったということであるに違いない。

高千穂について『広辞苑』は次のように解説している。

「『高千穂峰』宮崎県南部・鹿児島県境に近く聳える火山。霧島火山群中の高峰。天孫降臨の伝説の地。海抜一五七四メートル。頂上に『天の逆鉾』がある。『高千穂宮』彦火火出見尊から神武天皇に至るまで三代の間の皇居。宮崎県西臼杵郡智鋪郷（遺称地高千穂町）とも、同県西諸県郡の東霧島山ともいう」と。

これは『記紀』を日本の正史とする過去の定説に従っただけの解説であるが、もしこの定説が正しいとすれば、海抜一五七四メートルの火山に当時人びとが生活していたかどうか。もし生活していたとすればそれは狩猟民族であり、狩猟を捨てて稲作に民族の生きる道を求めての東征であったに違いない。

いずれにしろ、東征者は中央政権を樹立した。そして先住者は勿論、彼らが奉じている神までも天岩戸で征服した征服者は、この神を自らの祖神とすることで自己の権威を維持すべく、他の神々を悉く異界へ追放したのである。

すなわち、川や沼・湖の神として祀られていた天照大神の変化神は河童に、山に祀られていた神は天狗に、要するに異界の化物としてこの世から追放されたというのである。沼や山はこの神々が拠っていた要塞であった。

そして、天照大神の変化神の一つが淀姫大明神であり、弘法大師の高野山開創の機縁となった河内・天野山の丹生津姫命も同じであると、沢史生氏は言うのである。

沢氏の説では、神社の注連縄は、神（氏の上＝要するに氏族の長）を異界に封じ込めるとともに、民衆（氏子）を神に近づけないためのもの、すなわち神と民衆とを分かつためのものだというのであるが、成程、天岩戸の注連縄を想起すればおのずから納得もされてくるが、実はこの岩戸に於ける注連縄の物語の背後には、仏教の結界の思想が秘められているようである。

結界といえば、弘法大師の高野山開創に於ける「七里結界」が想起されるが、その高野山の地主神である丹生津姫命もまた、天照大神の変化の水神であると知った時、わたしの長い間の疑問の一つが氷解したのである。

弘法大師高野山開創に伴う丹生津姫命の奇瑞は、二十五ヶ条の御遺告に次のように記されている。

「彼の山の裏の路辺に女神あり、名づけて丹生津姫命という。その社の廻りに十町ばかりの沢あり、若し人到り着けば即時に傷害せらる。まさにわれ上登の日巫祝《かんなぎ》に托して曰く。妾神道に在て威福を望むこと久し、いま菩薩この山に到る、妾が幸なり」と。

弘法大師が高野山を開創すべく登山されようとしたまさにその時、麓の天野で、人が其処に行けば忽ち傷害されるという恐ろしい社があることを、恐らく大師は地元の人から聞かれて、その社へ詣られたのであろう。

人びとが恐れて近づかないのだから、恐らく社は荒れ果て、周囲もまた荒涼たる風景であったに違いないが、弘法大師はわざわざ其処へ詣られたのである。

何故か、勿論、神を鎮めて人びとの不安と災いをとり除くのが主目的ではあるが、そのためには何よりもその神に仏法を授ける必要があることを、弘法大師が痛感されていたからに違いないとわたしは思う。

弘法大師のご生涯を憶念するとき、痛切に思われるのは、仏教者である大師が如何に日本の神々を大事にされたかということである。

弘法大師の著述に『般若心経秘鍵』というのがある。これは弘法大師の般若心経講義ともいうべきものであるが、その最後に、この『般若心経秘鍵』が生まれた縁由に触れた「後記」というのがあり、そのなかで弘法大師は次のように述べておられる。

すなわち「但し神舎に詣せん輩《ともがら》この秘鍵を誦じ奉るべし」と。

この「後記」には、後世の偽作という説がつきまとっているが、その内容の宗教的深さと文章の見事さから、わたしは偽作説はとらない。

例えば今掲出した「但し神舎に詣せん輩」の一語をとり上げても、そこには日本の神々に対する大師の深い尊崇の念が「輩」の一語に表現されているのである。

趣意は、神舎にお詣りする時には、この『般若心経秘鍵』を読誦しなさい、という意味であるが、「輩」の一語が物語っているのは、神舎に詣る者はすべてわが友であり、同志・仲間であるという、日本古来の神を拝む人びとに対する弘法大師の親愛の情なのである。「輩」とは友人・仲間を意味する。

友人・仲間・同志とは最も気持ちの相通じ合うものでなければならないが、では、神舎に詣せん――すなわち日本の神々を大事にするわが友よ、神を拝むときにはこの『心経秘鍵』を読誦しなさい、という弘法大師の心の中に秘められているのは、この『秘鍵』こそが神々の最も喜び給うものである――という自信であったに違いない。

では何故に、日本の神々は『般若心経秘鍵』読誦を喜び給うのであるか。それは『秘鍵』が般若心経の真髄――すなわち仏法の真髄を説いたものだからであり、日本の神々がそれを最も願っていることを、弘法大師は感得しておられたに違いないと憶《おも》う。

弘法大師は十九歳にして大学を捨てて以来、全国の霊山という霊山を跋渉して修行されたといわれているが、当時の霊山というのは、高野山開創に於ける丹生都姫命や、その子の狩場明神の奇瑞に象徴されるように、日本古来の神々の霊山であった筈であり、そこで修行する青年大師を常に守護し続けたのは、日本古来の神々だった筈である。

入唐求法から帰朝後の大師の、日本の神々に対する敬虔な態度や、数々の神の奇瑞から憶念されてくるのは、如何に日本の神々が弘法大師を守護し給うたかということであり、その守護の背後には、日本の神々が如何に真言密教（仏法）の伝来を弘法大師に期待されていたかということである。

異教の伝来には凄まじい葛藤がつきものである。イスラム教は「左手にコーラン右手には剣」といい、各地に凄まじい仏像破壊の爪痕を残し、そしてキリストの日本伝来には凄絶極まる弾圧が伴ったのである。わたしは、日本古来の神々の要請がなかったなら、真言密教はこれほど平和裡に日本に根づくことはなかったのではないかと考えている。

それを端的に示しているのが、高野山開創に於ける丹生都姫命の霊告である。

「妾、神道に在りて威福を望むこと久し」の、「神道に在りて」とは日本古来の神として、ということを意味する。では、この一語に示されているのは、幾星霜を日本古来の神として尊ばれることを願い続けたにも拘わらず、遂に願いは得られなかった——ということに他なるまい。

そして「今、菩薩この山に到る妾が幸なり」の一語に示されているのは、仏法に邂逅し得た喜びである。それは神道にあっては威福を得られない神々が、如何に仏法との邂逅を待ち望んでいたか——を表すものでもある。またに丹生都姫命のこの一語に、日本の神々の弘法大師に対する神慮が凝結されているのであり、誰よりも弘法大師が最もそれを感じておられたのであろう。

同時に弘法大師は、それらの神々が何故に荒ぶる神になったかを知っておられたに違いないと思う。だからこそ「人到り着けば即時に傷害せらるる」場所へ出向かれたのではないか。

丹生都姫命の霊告は次のように続いている。

「弟子（丹生都姫のこと）昔、現人《あらひとがみ》の時にケクニスベラノ命、家地を給うに万許町を以てす。南は南海を限り、北はヤマト川を限り、西は応神山の谷を限り、東は大和国を限る。希くは永世に献じて仰信の情を表す」と。

では、丹生都姫命はこの地の所有者であり、祖先神ということになるのであるが、それにも拘わらず、神としての正当な扱いを受けてこなかったということになる。何故か。丹生都姫の名が示しているように、此処が産鉄に伴う水銀採鉱の重要な土地だったからではないか。

水銀は金・銀・鉄等の精錬には不可欠の資源であり、権力者にとってはまさに垂涎の地であり、決して見逃がす筈がないのである。

恐らく土地は収奪され、祖先神は正当な神の座を追われ、妖怪の類として異界に落とされたのではないか。

そして、そこには正当な地位を奪われた神の憤りによる祟りとともに、水銀汚染による中毒被害もあった筈である。或いは敢えて人を近づけないための権力側の作為もあったかも知れない。

歴史を奪った者

『肥前風土記』は佐賀の地名の由来を次のように記している。

「この川上に荒神有り。往来の人、半ば生き半ば死ぬ（中略）。この神を祭り、神この祭をうけ遂に応え和みき。茲において大荒国（註・知事）言えらん。此の婦《おんな》は是くの如く実に賢女《さかしらめ》なり。故に賢女を以て、国名とせんと欲す」と。

先の丹生都姫命の奇瑞とこの『肥前風土記』の文章を読み合わせるとき、わたしにはまた一つの長い間の疑問が解けた。それは何故天皇が神に正一位や従五位等々の位階を贈るのか——ということである。

京都・淀の大徳寺に祀る淀姫大明神の縁起にも「爰に村上帝勅して正一位淀姫大明神と爵号を賜り」とあるが、多くの神社の縁起に何時、何天皇によって何々の位に叙せられたということが記録されていて、これがわたしには長い間の疑問であった。

現世の王に過ぎない天皇が、現世を超えた存在である神に、何故に現世の位階などを贈らなければならないのであるか。そしてまた、この世を超えた存在の神が、この世の位階を本当に喜ぶのであろうか——と。

だが、実はここには日本に於ける神々の流亡の歴史が隠されていたのである。すなわち、神に対する天皇の叙勲は、天皇の権威がこの世を超える神々の世界にまで及ぶこと——すなわち、天皇は現人神《あらひとがみ》として神々をも支配することの表明であると同時に、権力によって科《とが》無くして神の座を逐われ、異界に落とされていた神々の現世に於ける復権を意味していたのである。

数多くの神社の祭神に叙勲の記録が残されているということは、如何に多くの神々が権力に追われて、「妾、神道に在りて威福を望むこと久し」の想いに耐えて来たかということである。寺に比べて神社は恐ろしいと言われる所以である。

だが、この復権には条件があった。あくまでも日本古来の神——すなわち『記紀』以来の神にふさわしい神名を用いることと、日本古来の神々を合祀することである。そしてここにいう日本古来の神とは、権力が自己の正当性を証明するものとして認めている神ということである。多くの神社が複数の神を合祀している所以であろうか——。

それはともかく、『肥前風土記』は淀姫については次のように記している。

「郡の西に川あり、名を佐嘉川という。この川上に石神《いそかみ》あり、名を世田姫《よたひめ》という。海の神（註・鰐のことと謂う）年常《としごと》に流れに逆らいて潜り上り、この神の所に到るに、海の底の小魚多《さわ》に相従う。或は、人、その魚を賢めば殃《まが》なく、或は、人、捕り食えば死ぬることあり」と。

ここに掲げた『肥前風土記』の二つの文章に出てくる「荒神」も「石神」も共に淀姫をさし、両方に出て来る「川上」はともに佐賀市北方の川上峡を意味している。そして「荒神」と「石神」とは同じ意味をもつものである。石神だから荒神となったのである。

「石神」とは「石にされた神」すなわち、もの言えぬ神——祟り神の意味があり、また「世田姫」には「たゆとう」という意味があり、巫女を表すと沢史生氏は言っている。

これに関連して思われるのは「祟り」の語源である。恐らく産鉄・製鉄の火に不可欠の蹈鞴《たたら》に由来するのではなかろうか。「たたら」の語尾はラ行に変化する。たたらは、たたり・たたると変化するが、鉄を奪われて石神とされた神の怨念に由来するのではないかと思う。淀姫もその一人であった。

川上の淀姫神社には「淀姫さんの眷属の鯰を捕ると祟りがある」という伝説があるが、『後漢書倭伝』の徐福のことを記述する部分の冒頭に「会稽の海外の東に鯷《てい》人有り、分かれて二十余国と為る」とあるが、沢史生氏の説では、鯷とは鯰のことで、現在の台湾や中国沿岸辺りの人を意味するのではないかといわれている。

淀姫神社の祭神が、中国沿岸からやって来た漂海の民が奉じた娘媽神女であり、天照大神の変化神であることを物語るもののようである。そして淀姫もまた天照大神と同じように、自らが神懸かりする巫女的性格をもつ神なのである。

ところで、東海の蓬萊国に不老不死の仙薬を求めるといって秦の始皇帝を騙し、千人の童男童女とともにこの地にやって来たと伝える徐福を祀る金立神社が、淀姫神社とはさして離れていない処にあるが、その徐福が上陸したとされるのが、わたしの父方の祖父が住んだ、有明海沿岸の川副という処である。現在は佐賀市に合併され、平成十年七月に佐賀空港が開設されている。

小学生の頃、わが本籍地として現住処とともに暗記させられていた処が、徐福上陸の地であったことに、わたしは何か因縁めいたものを感じたものである。

徐福もまた、さまざまな海の幸をもたらした後は、河童として異界に逐われたのではあるまいか。

では、わたしが河童に出会い、そして父祖の地の確証を得た因縁の地「白石」は、この物語に何等かの関わりがなかったのであろうか。

ここはJRの長崎本線が有明の海沿いに走っている所であるが、駅名は白石の次に龍王、鹿島と続いている。

そして鹿島といえば想起されるのが、日本の神道を確立した中臣の祖神を祀るという常陸の鹿島・香取神社である。ここには共に要石《かなめいし》があって、これが地震の元凶である大鯰を押さえているから、常陸の国には地震が無いというのである。

この伝説に関連して想起されるのが、先の佐賀市の川上神社の鯰の伝説であり、『後漢書倭伝』に出てくる鯷人《ていじん》――すなわち、台湾や中国沿岸辺りの人びとを鯰と呼んだということである。

大鯰が起こす地震とは、海人族たる先住民の反乱を意味しているのであろうが、或いはそれは、佐賀の川上神社に祀られている神を押さえつけ、石神にしてしまったことを意味しているのではないか。

同じような伝説の石は宮城県の白石市にも祀られているというが、白石とは果たして何を意味するものであるのか。淀姫の眷属たる鯰（海人族）の反乱を押さえる弾圧の石か、或いは淀姫を石神にした標識であるのか――。

それはともかく、先頃常陸の鹿島が市制を敷くに際して「鹿島市」とすることに対して、肥前の鹿島市が同名は困るというので、互いに論争をしていたが、結末はどうなったのか、わたしには大変興味深い論争であった。

肥前の鹿島が海岸沿いであるように、常陸の鹿島もまた海岸沿いである。いや常陸の国じたいが海岸沿いである。にも拘わらず、ここは何故に常陸《ひたち》というのであるか。

常陸とは、肥太刀であり、肥発ちでもあり、そして肥断ちではないのか。肥太刀は火立ち

――すなわち落雷による火柱を表し、八俣《やまた》の大蛇《おろち》から出現した天叢雲剣《あめのむらくものつるぎ》を意味し、『古事記』に於いては剣をもって最初にこの国を征服した建御雷神《たけみかづち》である。この神はまたの名を建布都神ともいい、布都《ふつ》は剣を意味するものである。

そして肥発ちは東征を意味する。東征の主目的は稲作民族の朝日へ向かっての旅であると先に述べたが、彼らは遅れて九州にやって来た移住者であり、新たなる稲作の地を求めての東方への旅であり、中臣はその先頭に剣（軍勢）をもって立ったのではないか。

そして更に肥断ちとは、肥の国の歴史の抹梢である。

肥の国は日の国でもあり、日本発祥の地であるとわたしは考えている。そして卑弥呼は日御子、日皇子でもあるが、それ以前には肥巫女であった筈である。

中臣は神と人をつなぐ巫女的存在である上に、後に藤原姓に変わっているが、肥前の鹿島の郡名は藤津である。藤原（中臣）は何故に常陸の鹿島を自らの祖神の地としたのであるか。

中臣は肥前の出身ではなかったか。にも拘わらず故郷に於いては入れられず、東征せざるを得なかったのではないか。その故にこそ肥前の歴史を悉く他へ移して抹殺してしまったのではあるまいか。稗田阿礼を作り出した藤原不比等の家系である。有り得ないことではないと思うが――。

そして、佐賀藩主鍋島家の姓は藤原である。

終章　背振を往く

背振神社へ

平成十二年九月二十八日は母の十七年目の祥月命日であった。

本来ならば、十七回忌の法事を営むべきであり、そして或いはそれが、わたしが遭遇し得る最後の母の年回忌となるかも知れなかった。

だが、直前の長兄の死によって、母の年回忌法事は、中心となるものもないままに、うやむやになってしまっていたのである。

九月二十八日、わたしは一人実家の常在寺を訪れた。母の回向とともにわたしには大事な仕事があった。

父の死後三十年にして漸く実現することになった、生前の父との約束の宝塔（両親の納骨塔）建立の準備であった。

心の奥に秘めて来た、きょうだいの誰か一人位は母の祥月命日に詣って来るのではないかという幽かな期待はあっさり裏切られて、両親の位牌を祀る仏間には無人の冷え冷えとした空気のみが張り詰めていた。

本堂や大明神社での勤行の後、一人母の年回忌の読経をすますと、わたしは宝塔建立予定地で俗に性根抜きといわれる「古仏撥遣」法を修した。

宝塔建立予定地には多くの石仏があり、着工前にそれらの石仏群を一箇所に集めて置かなければならなかったのである。

古仏撥遣の法を修し終えると、話し相手の兄弟姉妹もいないまま、わたしは馴染の古湯温泉「大和屋」へ車を走らせたのであった。鞄の中には、京都の大覚寺門跡片山宥雄大僧正揮毫の拙歌を記した色紙三枚があった。

古代史の女神尋ねし旅なれば
　大和なる名の宿を選びぬ

淀姫の来由尋ねて来し古湯
　大和屋という宿のありけり

大和なる名も古代史にゆかりあり
　古き温泉《いでゆ》に神偲ぶ宿

古湯温泉から山一つ越えた処に雷山があった。雷山の古刹大悲王院は、古湯温泉に淀姫大明神が祀られていることを教えてくれた喜多村龍介師の寺である。わたしは喜多村師夫妻を温泉宿に招待して夕食を倶にした。

翌朝は生憎の雨であった。

辞退したが、宿の若主人が四輪駆動車で背振神社へ案内してくれた。背振神社へは相当な道程、然もそのほとんどが人家も稀な山道で、宿の好意に甘えてよかったと実感した。

宿の若主人も背振神社への道は初めてであった。雨中の山道を走り続けること一時間近くで、神社の前に出た。背振神社の下社であった。

参道正面の石造大鳥居には、柴灯大護摩供奉修の秋季大祭の看板が立てかけてあった。柴灯大護摩供は修験道の修法であって、神道で行うものではない。

勿論、神仏習合の昔の縁故で、現在も神社で柴灯大護摩が奉修されることはある。だが、殆どの場合それは神社の祭礼に修験道が奉賛協力する形で行われるものであって、神社じたいが柴灯大護摩を奉修することは聞かないのである。

立看板には「背振不動明王　柴灯大護摩供　十一月三日文化の日午前十時　背振神社境内」とあった。

参道の石段を上がると、正面に物寂びた拝殿があり、何と驚いたことに、その左横には不動堂があり、「病気平癒の力を秘める背振不動明王」の看板が掲げられていた。

此処は今なお神仏習合であった——というより、神社が寺院をも兼ねているようであった。般若心経一巻を誦してわたしは不動堂を離れた。

拝殿の横に、「背振神社（下宮）由来」と書かれた由緒書きの立札があった。墨の文字は消えかけていたが、次のように読まれた。

「日本六所弁財天の一社『背振弁財天』といわれ、御祭神は市杵島姫命他の女神。弁財天は仏教伝来後合祀されたという。そのお使いといわれる白蛇が境内向かって右側の石窟に棲んでいたので、俗に『はくじゃ』さんとも呼び伝えられている。神仏混淆の昔は同一境内に下宮と多聞坊東門寺が並び建っていたが、明治七年の佐賀の乱で焼失し、現在の社殿はその後再建されたものである。

五穀豊穣開運の神様として崇敬を集め、県内をはじめ九州一円から参詣がある。例祭は毎年五月二・三・四の三日間」

この頃になって、わたしはしきりに肌寒さを感じていた。九月末といえば、都会ではまだ残暑が厳しい筈であったが、山の雨は既に冷たかった。

下宮を辞して、わたしたちは本当の目的地である背振神社の上宮を目指した。そこからは運転者の若主人も初めての道であった。途中に、栄西禅師による日本最初の茶木栽培の地という記念碑があった。

なだらかであった山里の道はこの辺りから緩い坂道となり、やがてつづれ折りのかなりの急坂が続くようになり、その頃から次第に霧が出始め、山を登るに従って霧はますます深くなり、やがて頂上付近と思われる頃には視界は零に近くなった。

「もう危険だから、これ以上登るのは止めにして戻りましょう」と、わたしは声をかけたが、宿の若主人は是が非でもわたしを背振神社へ案内しなければならないと思いつめているようであった。車は、密雲のように深い霧のなかを更に登り続けた。

やがて、霧のなかに自衛隊の施設らしいものが見え、平坦地が現れた。そこに車を停めて四方を窺ったが、見えるものは乳白色の霧のみ、まさに雲海に立っているのであった。自衛隊の施設には柵があって厳重に施錠され、人影も無かった。道を問うことも出来ず、結局は引き返すほかなかった。

帰路、若主人は背振神社に案内出来なかったことをひどく申し訳なく思ったようで、仁比山神社に案内するという。そこには若主人の学友がいた。

記憶は正しかった

わたしに背振神社の上宮参詣を思い立たせたのは、この少し前、或る日偶然に見た新聞の写真であった。

そこには背振山頂に、大きく聳える自衛隊のレーダー基地のドームを背景に立つ石造の鳥居と、これも石造の、傾きかけた数基の灯籠が並ぶだけの背振神社の荒涼たる風景があった。強風にそよぐらしい薄の穂波が荒涼感を増幅していた。

それはまさに荒涼そのものであった。そして、その荒涼感に何故かわたしは魅せられたのであった。

その時わたしの脳裏には「石神」という言葉があった。石の祠に祀られている神は石にされた神――すなわち、権力によって物言えぬ神にされた先祖たちである――という思想があった。

車は、たまに人家を見る山里を過ぎて小さな町に入った。此処は背振山を含む広大な面積の背振村の中心地で、役場や郵便局、警察などの主要行政施設が建ち並び、瀟洒なレストランもあった。

広大な村有林を抱えて、一時は木材収入で村財政は潤い、住民は地方税が免除されたというほどあって、公共施設は村とは思えないほど立派なものであった。

わたしは運転者に頼んで役場の前で車を停めて貰い、役場に入って、背振山に関する資料を求めた。そして教育委員会に案内され、そこで一冊だけ残っていたという『背振村史』を購入した。

A五判、口絵抜きで千二百三十一ページ、クロス貼り上製箱入りの豪華本、定価は六千円であった。


深い霧のために背振神社参詣を断念せざるを得なかったわたしの胸中に去来していたのは、弁財天は水辺の神であり、そのお使いは白蛇だといわれるのであるから、深い霧はいかにも弁財天に相応しい現象だと納得する反面、何故に弁財天はわたしを近づけなかったのか——という疑問であった。

わたしは、背振神社の弁財天に嫌われたのであろうか——そんな想いが脳裏にはあった。

確かに、冷たい小雨は断続的に降っていたが、空は明るかった。それなのに車が頂上に近づくにつれて次第に霧が深くなってきたのが、如何にもわたしの進路を阻む何者かの意思であるかのように想われたのである。

だが、神仏の意思は、人間の計らいを超えて働くものであることを、やがてわたしは想い知らされるのである。

深い霧のために背振神社への道を遮られ、そのためにわたしは背振村役場に立ち寄り、『背振村史』を購入した。

わたしを案内してくれた宿の若主人は、背振神社へ行くわたしの目的は知る由もない。だから彼が目的を達することが出来なかったせめてもの償いのつもりで、わたしを別の神社（仁比山神社）へ案内しようとしたのであろう。単なる神社観光と想ったのかも知れない。背振神社でなければならないわたしの目的を知らない彼は、単純に神社でさえあればいいと考えたのかも知れない。そして、そのために彼は背振村役場前を通りかかったのである。

もし霧が無くて背振神社に詣っていたら、恐らく彼は、わたしをJR佐賀駅へ直送したに違いないし、わたし自身もそれを望んだ筈である。そして『背振村史』に出会うことも無かった筈である。

そこに想いを致したとき、わたしは、わたしの進路を阻んだ深い霧が、実はわたしを『背振村史』に邂逅させるための弁財天の作用ではなかったかと憶念されてきたのである。

もう二十数年も前の昭和五十年十月初版発行の、霊験に彩られた父の人生を描いた拙著

『霊験』の中に、本章冒頭に述べたようにわたしは次のような一文を書いている。

「佐賀市の西端に多布施川というのがある。筑紫山脈の一峰天山麓に源を発する川上川の一支流で、幅は十メートルにみたないが、川上猛の物語をはじめさまざまな民話と史実を秘める詩情豊かな清流である」

わが旧著のこの一節を読むとき、わたしは常に一人赤面するのである。何故なら、そこに三つの間違いを書いているからである。

先ず第一に、幅は十メートルにみたない――などというものではなく、恐らく五メートルにもみたない小川ではないかと思うからである。幼少年期の記憶では随分川幅が広かったように思っていたが、先頃JR長崎本線の電車で渡った多布施川の鉄橋はあっという間もなかった。

そしてわたしが、この短い過去の文章のなかで最も気にしてきたのが、「川上猛の物語をはじめさまざまな民話と史実を秘める」という記述であった。

これは先にも触れたことであるが、わたしの遠い記憶のなかには、「神話に出てくる熊襲は川上川の上流に住んでいた。だから、その首魁を川上梟帥（猛）というのである」という、言葉があった。

その言葉の主が誰であったかは、記憶に無い。だが、その言葉だけが、剛勇をもって鳴る熊襲の首魁川上梟帥が、女装をした日本武尊に騙し討ちにされた物語とともに、鮮烈に脳裏に刻まれているのである。

それは恐らく、小学校の歴史の時間に教わったものであるに違いない。当時、神話は日本の歴史であった。それ以外に思い当たるものはなかった。

だが、『記紀』に見る限り、川上梟帥という熊襲の首魁がいたのは肥後（熊本）であり、女装した日本武尊に討たれた神話の舞台も肥後である。

それが何故に、佐賀市の北方背振山に源を発する川上川に因む物語として、わたしの記憶の底に息づいているのであろうか。

川上梟帥が川上川の上流に棲んでいたという記憶の根拠がどうにも思い出せないとき、わたしはふと、人間には人類の遠い歴史の記憶というようなものが深層意識のなかに蓄積されていて、それが何かの拍子にふっと意識の表面に浮かび出てくるのではないかとさえ思うことがあった。それほど、わたしのこの記憶は根拠の無いものであった。

長い間わたしは、自らが『霊験』に書いたこの片言が決して荒唐無稽なものではなかったことの証明を求め続けながら、密かに忸怩たる想いを抱き続けざるを得なかったのである。

――ところがである。

或る日、分厚い『背振村史』を漫然とめくっていたわたしは、ページも終わり近くの「伝説」の項に次のような一文を発見したのである。

「兼大明神　背振村役場の前の兼大明神は、日本武尊と吉備武彦神が祀ってある。人皇第十二代、景行天皇の皇子、日本武尊がこの地にきてみると、川上梟帥の一族が、通称タタラ（背振小学校の運動場付近）という所に、鍛冶工場をもうけ、刀剣を鍛えて威勢をふるっていた。口碑によれば明治四十年頃、小学校校庭の拡張のとき直径七、八寸の金糞を掘り出したといわれる。川上梟帥は、尊の智勇により征伐されたので賊はことごとく降伏して、鍛冶工場も閉鎖されたという。のち、仁徳天皇の代に広滝川の北岸に一社を創建して氏神とした。社には併設して馬屋が設けられており、白い神馬が飼われていたが、慶応二年六月、寅年の大水害で流され、広滝下のぬすとの原に流れつき死んでいたという。

背振小学校に「踏鞴橋」という橋がかけられている。鞴はふいごで、金属の精錬に用いる送風機である。背振から綾部に到る渓谷に多量の鉱滓が発見された遺跡があり、鉄の生産にかかわりのあったことがうかがえる。三養基郡中原町綾部神社には級長津彦命、級長津姫命の風神二柱が合祀され、風除けの神として尊崇されている。本来、製鉄・冶金にかかせない、風の神（ふいごの神）であったものが、農耕の発達により風除けの神へと変化したのではなかろうかといわれている。背振神社にも風神二柱が合祀されている」

――わたしの記憶は、決して荒唐無稽なものではなかったのである。

わたしの脳裏には、本章の末尾の「歴史を奪った者」の項に述べているような、肥前の神話が悉く剽窃《ひょうせつ》されているという疑惑が、確信となって蘇っていた。すなわち神話に於ける「肥断ち（日立）」である。

古湯温泉の効能が皮膚病に効果があるということは、古くから知られていた。わたしが初めてこの古湯温泉そのものを訪ねたのは、愛犬の皮膚病を治したい一心からであった。

平成九年五月、毎年恒例の常在寺塩田大明神詣でに帰郷したわたしは、妹の案内で古湯温泉の旅館「大和屋」を訪ねて昼食を摂った後、温泉水を京都へ送って貰うように女将に頼んだのであるが、それが大和屋との初めての縁であった。

温泉水が皮膚病に効くのは飲用に於いてであったが、それを知らないわたしは、大和屋から届けて貰った水でせっせと愛犬の体を撫でてやったものだが、結局効果はなかった。

それはともかく、古湯温泉を初めて訪れた時わたしは、町役場に教育委員会を訪ねて、この辺りに採鉱・製鉄の歴史は残っていないかと尋ねたものだが、そのような記録は無いと、にべもない返事であった。

採鉱・製鉄には火傷等皮膚に関する傷病が伴うものであり、多くはその近くに、それらの治療に効能ある温泉場があるものだという、わたしのヨミは当たっていたのである。

古湯はその名の如く、その起源も定かならないほど古くからの温泉である。恐らく古代史の時代既に利用されていたのではないかと思われ、そうなると、近くには鉱山があったのではないかと想像したのである。

予感は的中した。すぐ隣の背振村に採鉱・製鉄の古代史があったのである。古代史の頃、背振村に勢力を持っていた川上梟師の一党は、採鉱・製鉄に伴う疾病をこの古湯温泉で癒していたに違いないのである。

そして、背振村に於ける熊襲征伐に関する限り、それが中央政権による鉄鉱強奪のための川上梟師謀殺であったことが頷けるのである。

背振神社を隠した背振山頂の深い霧は、決してわたしの参詣を拒むためではなく、実はわたしの多年に亘る疑念を解くための神の方便だったのである。

山頂に立つ

宝塔は平成十二年十一月に着工し、翌十三年三月竣工した。引き続き本尊弥勒菩薩像の造顕と、内部の荘厳、境内の整備にかかり、九月末にすべてが完了した。

十月の或る日、わたしは常在寺に宝塔を訪ね、新造顕の弥勒菩薩と初めて対面した。小さいけれども見事な彫刻であり、内部荘厳も見事であった。

その夜わたしは、古湯温泉「大和屋」に投宿した。

翌朝、こちらから言い出す前に女将が、是非背振神社へ案内すると言い出したのである。

今回は主人の運転であった。

今回は晴れわたって、視界は極めて良好であった。案内を買っては出たものの、大和屋の主人も、背振神社への道は不案内と見えて、途中二度ほど農家に道を尋ねたりしたが、極めて快適なドライブとなった。

古湯から背振山への途中には既に「北山ダム」というダムがあるが、更に別のダム新設工事が進められていて、廃屋続きの村に柿の実がたわわであった。

背振山頂の広場に車を停めると、なんとそこは先に若主人に案内されて、視界ゼロの深いガスの中を漸くに辿り着いた同じ場所であった。あの時もすでに山頂まで来ていたのであった。

背振神社へはそこから更に、一方は熊笹と灌木の茂る断崖と、反対側は自衛隊との境界を示す金網とに挟まれた狭い急坂を登らなければならなかった。深いガスの中では見当もつかなかった筈である。

胸を衝くような急坂を息を切らして登ると、やがて見覚えのある異様な風景が視界に広がってきた。

自衛隊レーダー基地の巨大なドームを背景にして建つ石造鳥居と数多い石灯籠と、そして石の祠という、まさに石ばかりの荒涼たる風景であった。

既に述べたが、曽てわたしはこの風景を新聞写真で見て、その異様さに心惹かれたのであった。

それは平成十一年八月十六日付の朝日新聞夕刊で、直接的に背振神社を撮ったのではなく、「遠い戦争　近い戦争」という戦争の歴史を辿る連載物で、写真説明には「福岡・佐賀県境付近の米軍背振山通信施設」とあったが、写真の構図は通信基地のドームを背景にした荒涼たる石の神社であった。

九州の屋根標高一〇五五メートルの山頂からは、晴れた日には壱岐・対馬が望見でき、冷戦時代此処は米軍のレーダー基地として、北の情報収集の最先端であった。自衛隊はその後を引き継いだのであろう。

レーダー基地の灰色の巨大なドームと神社との組み合わせも異様であったが、狭い山頂に石造のごつごつした祠や鳥居や数多くの灯籠や石段が押し合うように犇めき、木造・木製のものは何一つ無く、そういえば狭い境内には一本の樹木も無く、あるものは下界より一足早い薄の穂波だけであった。地肌までが岩石でごつごつとしていた。

山頂に風は強く、立っているのが漸くであった。山頂の上空にだけ雲が渦巻いていた。遥か玄界灘を渡ってくる強風が上空で渦を巻いているのであろう。幾重にも重なる峰々の果てに玄海灘が鉛色に鈍く光っていた。

大嘗祭の謎を解く

わたしが育った佐賀県塩田町の常在寺の境内に二ノ宮と呼ばれる社がある。吹き曝しの拝殿だけが木造で、此処は「権現堂」と呼ばれて、悪ガキどもの遊び場になっていたが、その奥には石造の祠が三つ四つ傾きかけていた。

町の氏神は丹生神社であるが、その丹生神社を一ノ宮として二ノ宮三ノ宮四ノ宮五ノ宮と、町を貫通する塩田川沿いに分社が祭られている。

常在寺の境内にある二ノ宮は、地元の町が祭主になっている。水神だということで、夏になると、子どもの水難防止のために、寺の「大般若経」を持って当番の家に行き、子どもたちの祈祷をしたものである。

必要があって祭神を調べたら罔象女神《みずはめのかみ》であった。罔象女神とはどのような神であるか。

『古事記』には次のようにある。

イザナミノミコトは火之迦具土《ひのかぐつち》の神を生んだために死ぬのであるが、そのとき苦しみの余り垂れ流した尿から生まれたのが、この罔象女神だというのである。因みに屎からも神々が生まれているのであるが、屎尿から神々が生まれるなど荒唐無稽も甚だしいということになろう。

このような場合、大抵外来の神を卑しめるために、排泄物などから生じた神であるとすることが多いと聞いたが、果たしてそうか。

わたしは『古事記』にはすでに仏教思想がとり入れられていると信じているのであるが、屎尿から神が生じるという『古事記』の物語に象徴されているのは、密教の「本性清浄」の思想ではないかと思われる。

稲作（農業）にとって屎尿は決して忌み捨てられるものではない。屎尿を肥料として作った米から、神の象徴たる酒——すなわち神酒を造るのである。

醸造とは、醸（か）んで造る。すなわち米を噛んで吐き出したものを発酵させて酒を造ったのである。従って噛（醸）みは神であると同時に、酒は人を酔わせる——すなわち酔ってたゆたい、神と人とをつなぐ巫女的存在を作り出すのである。

そしてまた、酔うことは漂うことをも意味する。漂流——すなわち神が漂流してきたことを意味するのであり、『古事記』のイザナキ・イザナミの国生みに際して、最初に生まれた水蛭子《ひるこ》を葦舟に入れて流したというのも、実は神が海の彼方から流れ来たものであり、漂うものということを暗示しているのかも知れない。

そして、最初の神は、女性であるイザナミの方から声をかけたので、足の立たない蛭子神が生まれたので、今度はイザナキの方から声をかけてやり直すことによって日本の国々が生まれた、ということの背後には、外来の神を日本の神に作り直した――ということが暗示されているのではあるまいか。

捨てるということは排斥することでもあるが、稗田阿礼について既に述べたように、外来の神を換骨奪胎して日本の神を作り出してしまえば、原型たる外国の神――すなわち蛭子神は排斥され、捨てられるのである。蛭子が外国人を意味する夷《えびす》と読まれる所以であろうか。そして更に、漂流・漂うとは変化をも意味するものであり、ここには神は変化するものとの暗示がある。

それは日本に漂流してきた神々が、日本で如何に様々な神に変化しているかを考えれば、おのずから納得されることであり、神々の完成・完備を象徴する七福神（七は悉に通じ完成・完備を象徴する）が、異国人を意味する「夷（蛭子）」に始まるのも、そのことを暗示しているのであるに違いない。

『古事記』は、天上界を追われて肥の河上の鳥髪に降り立ったスサノオノミコトが、流れてきた箸を見て、川上に人が住んでいることを悟り、クシナダ姫に会い、有名な八俣の大蛇退治となるのであるが、ここに象徴されているのは、神（宗教）による煩悩の調御——すなわち煩悩即菩提の真理である。

天上界で暴れたスサノオは煩悩を象徴し、それが人間界へ降りたというのは、人間誕生が煩悩の働きによることを意味する。

そして箸は、人間生活のシンボルであるとともに、神と人、霊界とこの現世とを繋ぐ橋でもある。

仏事等に際して、霊前に供えた精進具の御飯に箸を立てるのは、この箸を橋としてこの現世に影現し、食事を共にしましょうという故人への呼びかけに他ならないのである。

それはともかく——、煩悩のゆえに人間としてこの世に下生したスサノオは、箸を橋として神に出会うことによって、煩悩の象徴たる八俣の大蛇を退治するのである。大蛇（煩悩）を退治するのに酒（酒はすなわち神）を呑ませたところが如何にも象徴的である。

箸は神（霊界）と人間（現世）を繋ぐ架け橋である。だから人は神に作物（米）を供え、それをともに食することで神と一体となるのであり、ここに天皇即位とともに行われる大嘗祭の真の意義がある。

古代史上、日本を支配して権力者となった渡来人には、二種の民族が考えられる。一つは稲とともにやって来た南方系の稲作民族であり、一つは北方遊牧騎馬民族である。いずれが最終的な日本の支配者になったか、といえば、恐らく後者であろう。だが、それはあくまでも稲作民族の仮面を被ってである。

南方稲作民族は、中国南部からインドシナ半島あたりの稲作民族だから、水田や湿地帯に高床式の住居を持っていたと思われるが、日本の神話にはこの高床式の住居が描かれている。そして、これらの高床式住居を持つ渡来民族たちにとっては、土を掘って穴倉のようなところに住む先住縄文人は、土中に巣を作る土蜘蛛のように思えたに違いない。

これに対して、北方遊牧騎馬民族はパオ、すなわち移動式のテント生活である。これは日本には根付いていない。

だからといって、稲作民族が権力を握ったとは断定できない。何故なら、たとい騎馬民族が権力者となったとしても、狭い日本では遊牧騎馬民族国家を築くことは出来ない。恐らく稲作国家以外に日本を経営する道は無かったであろう。大嘗祭の真の意義がそこにあるのではないか。

南方稲作民族には、太陽（天）の神であるとともに海（水）の神でもある女神信仰があった。太陽も水もともに稲作には不可欠の存在であり、これを神として信仰したのである。

この女神は、稲作民族とともに太平洋を黒潮に乗って北上しながら沿岸各地で、それぞれの土地に密着した神々に変容しながら、日本では天照大神となった。

稲作民族は本来専守防衛民族である。自己の収穫を略奪者から護る以外には戦わない。環濠集落がそれを物語っている。

一方、遊牧騎馬民族は戦いのプロ集団であり、騎馬軍団である。先に定着した稲作民族を征服するのは容易であったろう。この間の戦いを描いたのが『古事記』のスサノオノミコトが天照大神の忌服屋《いみはたや》に逆剥ぎした馬を投げ込んだ戦いの光景であろう。

序章で述べたように、聖徳太子が中央アジアの騎馬軍団の武将であったならば、土着の豪族物部守屋などを攻略するのは、赤子の手を捻るようなものであったに違いない。

然し、武力をもって稲作民族を征服した騎馬民族も、中央アジアの大平原ならぬ日本の狭い国土では、稲作国家を経営する以外には無い。そして稲作国家を経営するためには、稲作民族を統御するためにも、稲作の神である天照大神を祖神として祭らざるを得なかったのではないか。

大嘗祭は神秘なる秘儀とされているが、恐らく女神とともに食事をすることによって、神と同化することを意味しているのであろう。現人神《あらひとがみ》の思想はここに由来しているのではないか。

大蛇は何処にでもいた

古い寺院の記録などにはよく大蛇が出てくるが、人命を奪い人家・田畑を呑み込む八俣の大蛇は何処にでもいたのである。すなわち大河の氾濫・洪水である。

先に、故郷の氏神は丹生神社――すなわち丹生津姫命《にうつひめのみこと》であり、常在寺の境内に祭る二ノ宮の祭神は罔象女神《みずはめのかみ》で、町を貫流する塩田川に沿って一ノ宮三ノ宮四ノ宮五ノ宮があるといったが、その塩田川について『肥前風土記』は「潮の満つるとき流れ逆巻き勢い強く、ゆえに潮高満川《しおたかみつがわ》という」と記録している。

要するに、氾濫を繰り返していた川であり、人命や人家・田畑を呑み込む八俣の大蛇であるが、また一方では稲作には不可欠の川でもあり、これを鎮めるために丹生津姫命や罔象女神という水に縁の神が祭られていたのである。

面白いことに、丹生津姫命も罔象女神も女神であるが、水に縁の神といえば大抵女神である。器に従って形を変える水の性が女性に譬えられているのであろうか。或いは水はこの世における万物の始原、命を生み出すものなれば、それが女性に象徴されているのかも知れない。

　それはともかく、罔象女神が稲作によって生み出されたものであれば、まさしくそれは、屎尿から生じた神といえるのである。

女神の山々

　わたしは先に、神は変容するものであるといったが、その典型をこの背振山に見ることが出来るのである。

　曽て海軍鎮守府があり、今は海上自衛隊の港として有名な長崎県の佐世保市に黒髪山大智院という真言宗の寺がある。別格本山である。

　昨年わたしは、この寺の開創一一九五年記念講演会に招かれた。与えられた演題は「弘法大師と黒髪山」であった。

　山号の黒髪山というのは、佐賀県の西の端、長崎県と境を接するところに位置する標高五一八メートルの山で、頂上付近は岩山となっており天童岩といわれる岩が天に向かって屹立している。

この黒髪山麓は古代史的にも早く開けたところで、このあたりで発見された土器に付着していた絹布が、わが国最初の絹布だといわれ、また石器に使用された黒曜石も多く産出されている。

佐世保市にある大智院の山号が「黒髪山」と呼ばれる所以は、もともとこの寺が、この黒髪山上にあったからであるが、明治初年の廃仏毀釈に加えて火災で諸堂悉くを焼失したのを機に、海軍鎮守府設置が決まって将来の発展が見込まれた現在地へ移転したのである。

それはともかく、この黒髪山には上宮・中宮・下宮三社の黒髪神社が祭られているが、その主祭神はイザナミノミコトである。そしてここにも大蛇退治の伝説が残されていた。

大蛇は黒髪山の頂上の天童岩を七巻き半（一巻きを鉢巻＝八巻というので一巻きに足らないことを意味する）したというが、西海の英雄鎮西八郎為朝に退治されたというのである。

ここで面白いのは、祭神のイザナミノミコトと大蛇とが深い関わりをもつことである。

恐らく大蛇とはここでも洪水、水害を象徴しているのであろう。大雨の季節になると、頂上が岩山になっている黒髪山を一気に流れ落ちる雨水が滝つ瀬となって麓の里を襲い、人家や田畑を呑み込んだのであり、その恐ろしさが大蛇に譬えられているのであろう。

そして、イザナミノミコトも、その「波」という名が示しているように水に縁のある恐ろしい神である。

すなわち『古事記』は次のように述べている。

妻の先にも触れたが、イザナミは火の神を生んだためにホトを焼かれて死ぬのであるが、妻のイザナミが恋しくてならないイザナキノミコトは、黄泉の国へ会いに行く。ところが蛆にたかられた妻の姿の余りの恐ろしさに、イザナキは逃げ出すのであるが、イザナミは「わたしに恥をかかせた」といって、黄泉醜女《よもつしこめ》という恐ろしい神に追いかけさせ、イザナキは黒髪を投げ捨てて命からがら逃げ帰るのである。

黒髪というこの山名が、イザナキが投げ捨てたという黒髪に由来するかどうかは知らないが、恐ろしい形相で追いかけてくる女の姿に象徴されているのは、まさに水の恐ろしさである。イザナミの場合は文字通り荒波、怒涛の恐ろしさであろうか。

ところで、九州の山々はほとんどが女神の山である。例えば、九州の北部を東西に横断しているのは、西から黒髪山系と背振山系の山々であるが、西の黒髪山には日本古来の神とされるイザナミノミコトが祭られている。

そして、その隣の背振山系では、佐賀市の北方の川上峡から古湯温泉のある富士町辺りの山一帯には、一般に「淀姫さん」と呼ばれる淀姫大明神が祀られて、更に東に行って、福岡県境近くの頂上になると、そこには背振神社の上宮があるが、ご神体は弁財天である。

これは一体何を物語っているのか。すなわち、日本に渡来してきた女神の変容の姿であり、神が仏教に遭遇することによって変化していったのである。

すなわち、日本の国生みの母として、日本古来の神の始祖ともいうべきイザナミノミコトと雖も、決して日本古来の神ではなく、波という名が示すように、波によって漂ってきた神――すなわち渡来神であることを暗示しているのである。

そして次に淀姫大明神であるが、明神とは、『国語辞典』などには「威厳と徳のある神」などと訳の判らない解説がなされているが、『仏教大辞彙』には次のようにある。

「又宗炳の明仏論〔弘明集巻二〕には『今周孔に依りて以て民を養い、仏法を味わいて以て神〔心〕を養わば即ち生きては明后〔明君〕となり没しては明神となる』とあり、不空絹索真言経巻三にはこれを諸天と同意義に用い」とあるように、神が仏法に触れるとき明神となるのである。

そして最後に弁財天であるが、これはもう完全に仏教中の女神、女天であり、ここに見られるのは、一見日本古来の神とみられる神も、実は海の向こうからの渡来神であるとともに、それがまた仏教と融合することによって、様々に変容することである。

――このようなことを書いているわたしの脳裏には、もう四十年も前の父の言葉が蘇っているのである。

これまでにわたしが執筆してきた数種の自伝的著書のすべては、淀姫大明神の謎の解明を求めての遍歴の記録ともいえたが、今四十年の歳月を経て強烈に蘇ってきたのは、その遍歴の出発点となった今は亡き父の言葉であった。

四十年前父は、宝塚の拙寺の庭の奥に荒廃していた祠を「淀姫大明神として祀るように」と指示したのである。この「淀姫大明神として」という言葉が、わたしの脳裏に疑問として長く残ったのである。

「として……」ということは、それまでは淀姫大明神ではなかった——ということになるのであろうか?という疑問である。

拙寺の庭に荒廃したまま放置されていた祠のご神体は荼吉尼天《だぎにてん》像である。淀姫大明神とはどのような尊形の神であるのか、わたしは知らないが、尊形はそのままにして全く別の名称の神として祀るようなことが、神仏の世界で許されるのであろうか——と。

その長い間の疑問が背振山頂に立って氷解したのである。

神仏は変化し給うのである。遥か海の彼方から海照らす神として航海を助け、或いは稲作の神として、漂白の民とともにこの国に漂着した南海の女神は、イザナミノミコトとして祀られれば日本古来の神となって鎮まり、仏教と邂逅しては淀姫大明神となり、そして弁財天となり給うのである。神には固執すべき自我はなく、拝まれるように変化し給うのである。

神とはまさに変幻自在なる存在である。

　三十年の歳月を経てわたしは亡き父との約束を果たし、父の遺骨を奉安する宝塔を建立した。父との約束を果たした途端に、長い間の疑問が氷解したのである。淀姫大明神のルーツを求めたわたしの旅は、これで終わりを告げたのであろうか？

　いや、謎はまだまだ多く、そしてなお、なさねばならない仕事もわたしには残されている。その中の最大の謎は、淀姫大明神とわたしとの因縁である。何故わたしは、淀姫大明神を祀らねばならなかったのであるか？　そして、わたしに残された最大の仕事とは、吉祥寺の再建であった。

仏縁の吉祥寺再興へ

　わたしが背振神社を訪ねたのは決して偶然ではあるまい。何故なら、吉祥寺と背振神社とは決して無縁ではなかったからである。

「背振千坊」という言葉がある。曽て背振山は修験の霊山として殷賑を極め、千坊が甍を競ったというのである。その名残りは背賑神社の下宮に不動堂があり、上宮の祭神が弁財天であるように、ここには多くの神社があるが、その殆どに寺院が隣接しているのである。天台修験における神仏習合の名残りであるが、吉祥寺も背振千坊の一つであり、明治の廃仏毀釈までは天台宗であり、鍋島藩の支藩である小城藩藩主の祈願寺として栄えていた。

曽ての吉祥寺境内は相当に広大であったと思われる。JR長崎本線を挟んで歴代住職の墓所がある。

寺の横を通る白い県道を挟んで矢張り神社が隣接している。県道は北の背振山脈へ向かって一直線に消えている。その県道沿いに戸教十四、五軒の農家が点在しているが、その殆どが吉祥寺の寺侍たちが帰農したものだといわれている。

吉祥寺は長いこと集落の集会場になっていた。集会の夜は当番の家の者が寺にある法螺貝をもって、県道に出て、集落へ向かって法螺貝を吹き鳴らして集会を知らせたものである。修験の名残りであるに違いないが、吉祥寺の建物もなくなって、その習慣も今は絶えて久しい。

吉祥寺の本尊は等身大の不動明王坐像で、台座の下には、

東光山第五世法印義旭　大願主鍋島左京藤原直堯　享保十五庚戌五月二十八日　奉行蒲原利右衛門尉源為久　大仏師林久左衛門尉藤原廣甫作之

の墨書があり、更に胎内にも同種署名の願文が納められていた。

願文は「一刀三礼不動尊御身分法」とあり、願主は「鍋島左京藤原直堯行歳八十寿」とあった。開眼導師は「東光山吉祥寺五世天台伝燈権大僧都竪者法印義旭」とある。

故あってわたしは、父の死後、父の負の遺産ともいうべき吉祥寺の住職名義を継いだのである。

父が如何にして吉祥寺の住職になったか、その経由については旧著『霊験』に詳述しているので、ここでは割愛するが、父の死後、遺族の誰にも忘れられていた吉祥寺を、止むなくわたしが継いだのである。

寺は荒廃の極にあった。本尊を安置する須弥壇も腐蝕して、何時崩壊するかも知れず、本尊は剥落が烈しかった。せめて本尊だけでも救いたいと、もう二十年も前に解体修復して、常在寺の、曽ては藩主参詣の祈りの休息の間であり、生前の父が居間にしていた方丈の間に仮安置してある。

解体修復のために不動明王を動かすべく古仏撥遣の法——すなわち性根抜きをした途端に堂は崩落したのであった。

わたしの念頭には常に吉祥寺再興のことがあった。朝夕の勤行に吉祥寺再興を祈念しない日はなかったが、父との約束の宝塔建立を果たし、そして背振神社参詣を実現した今、吉祥寺再興への道がおのずから開けてきそうな気がするのである。

少年期の一時期をわたしは、父の弟子の小森泰春尼に預けられて、この寺で過ごしたことがある。それが、後年わたしがこの寺を継がなければならなくなった仏縁だったのであろうか。

太平洋戦争末期、連日の米軍機の空爆のために、実家からの一時間以上を要する汽車通学が危険になったからであった。中学二年生であった。

多感な少年には家郷を恋うる想いが強く、土曜日の午後は必ず、入手困難な汽車の切符を求めて出札口の前に並んだものだが、切符が手に入らなかった時には、切ない郷愁に誘われるまま、白い一本の草深い道の彼方に幾重にも重なって横たわる背振の峰々に魂を吸われていたものであった。

「あの山の向こうには、どのような世界があるのであろうか……」

遥か彼方に幾重にも重なる峰々は神秘に煙って、少年の心を誘うのであった。

天孫降臨は何処にでもあった

『九州の山と伝説』という本に背振山のことが次のように出ている。

「背振山（標高一〇五五メートル）は、北部九州沿岸を東西に走る筑紫山脈の最高峰で、福岡市民には最も便利で、手ごろなハイキングコースの山だ。福岡市の背稜を屏風状の背振山が福岡・佐賀の県境をつくり、福岡県側の山容は、ほぼ鋭角に落ちて幾筋かの渓谷と飛瀑をつくる佳境。一方の佐賀県側は、雄大な山裾を穏やかにのばし、高原状の起伏が、東西に広がっている。

背振山系への登山ルートは、両県側ともによく整備されていて、とくに背振山から西端の雷山までの縦走路は、県下屈指の快適な山旅コースとして人気がある」と。

その西端の雷山には、重要文化財の丈六木造千手観音立像で有名な名刹大悲王院がある。ここもまた背振千坊の一つで、もとは天台宗に属していたが、現在では真言宗大覚寺派の別格本山である。

すでに触れたが、雷山は別名を曽増岐《そそぎ》山といわれ、曽増岐神社の上宮、中宮、下宮があり、中宮は雷《いかづち》神社ともいわれ、この山の主神は水火雷電神だといわれている。

曽増岐《そそぎ》は当然雨の降りそそぐことを意味し、雷神社は文字通り雷を神格化しているのであろう。では、この山に象徴されているのは沛然たる雷雨であり、雷雨による創世でなければならない。雷山の地名が日本の創世を暗示しているのである。

そして、これもすでに触れたように、此処には天孫降臨の主役である瓊々杵尊《ににぎのみこと》が祭られているとともに、天孫の皇統を象徴する三種神器とも深いかかわりをもち、此処が天孫降臨の地であったことを暗示しているのである。

此処を天孫降臨の地とするのは余りにも荒廃無稽なのであろうか。

京都から肥前鹿島へ――。見慣れた車窓の風景に目をやりながら、わたしの脳裏に去来するのは、幾たび往復したことか――、という想いであった。

だが両親は逝ってすでに久しく、同胞《はらから》も櫛の歯の欠けるように一人、二人とこの世を去り出した現実に想いをいたすとき、故郷も遠い存在と化しゆくように想われるのであった。

「もう滅多に来ることもあるまい……」

そんな感懐が湧いてくるのであった。

博多で新幹線「のぞみ」号から長崎行き特急「かもめ」号に乗り換えると、右側の車窓に、広々と続く佐賀平野の彼方に背振山脈が蜒々と連なるのである。

わたしの脳裏に『九州の山と伝説』の一節が想起されてくる。

「福岡市の背稜を屏風状の背振山が福岡・佐賀の県境をつくり、福岡県側の山容は、ほぼ鋭角に落ちて幾筋かの渓谷と飛瀑をつくる佳境。一方の佐賀県側は、雄大な山裾を緩やかにのばし、高原状の起伏が、東西に広がっている……」と。

これは佐賀県側にとっては絶好の地形である。有明海側の温暖な気候に恵まれた上に、玄界灘から吹き寄せる厳しい寒風を、屏風のような背振山脈が遮断するのである。

遮断するのは玄界灘の寒風のみではない。福岡県側が峻険な断崖絶壁であるなら、玄界灘を渡ってくる渡来者——特に戦闘集団である騎馬民族の侵入をも遮断した筈である。

『魏志倭人伝』には当時の様子が「草木茂盛し、行くに前の人を見ず」とある。普通の道路でさえ草木が生い茂って、前を行く人の姿が見えないというのである。

現在でこそ登山道が整備されてハイキングコースになっているが、古代史時代の福岡県側の背振山脈は、登るに道なき峻険な断崖ではなかったかと思われる。佐賀県側にとっては、背振山脈は天然の要塞の役を果たしていたのである。

「佐賀県側は雄大な山裾を緩やかにのばし、高原状の起伏が、東西に広がっている」というように、現在は山懐深くまで耕地が食い込んでいるが、わたしはこの山懐深くに抱かれた隠れ里に邪馬台国は人知れず存在していたのではないかと考えているのである。

何故なら、卑弥呼は女王となって以来、人に姿を見られることもなく、千人の侍女とともに生活したというからである。これは人に知られない隠れ里ででもなければ不可能事である。

そして更に、「居処の宮室楼観には城柵厳しく設け、常に人有りて兵を持して守衛す」という『倭人伝』の記述があるが、これがため女王の居処が大国の大宮殿のように解釈されがちであるが、わたしは逆に、隠れ里なればこそ楼観（望楼）をもち、兵によって厳重に守衛されるなど、警戒が厳重だったのではないかと思うのである。

『魏志倭人伝』に於ける伊都国は現在の糸島半島、福岡県糸島郡前原町辺りではないかと思われるが、『倭人伝』には伊都国のことを「郡の使往来《しおうらい》するに常に駐《とど》まる所なり」とある。

郡とは朝鮮半島の帯方郡であり、中国（魏）の代官所ともいうべき出先機関が置かれていたところで、「郡の使往来《しおうらい》するに常に駐《とど》まる所」とは、中国の命を受けた帯方郡の役人が絶えず視察に来ていることを意味しているのであろう。いうならば伊都国は、倭国中の大国であると同時に、中国（帯方郡）の出先機関も設置されていた重要地であったと思われる。

ところで『魏志倭人伝』を注意して読むと、或ることに気づくのである。それは郡の使が帯方郡を出て対馬国、一大国、末盧《まつら》国と経て伊都国にいたるまでの叙述と、伊都国を出て奴国、不弥《ふみ》国、投馬国と経て邪馬台国にいたるまでの叙述が異なることである。

例えば、倭国に入って初めての国である対馬《とま》国の描写が次の通りである。

「始めて一海を度《わた》り、千余里にして対馬《とま》国に至る。其の大官は卑狗《ひく》と曰い、副は卑奴母離《ひなもり》と曰う。居る所は絶島、方四百余里可《ばか》り。土地は山険しく、深林多く、道路は禽鹿《きんろく》の径の如し。千余戸有りて、良田無く、海物《かいもつ》を食らいて自活し、船に乗りて南北に市糴《してき》す」と。

また次の一大国については次の通りである。

「又南一海を渡る千余里、名を瀚海と曰い、一大国に至る。官は亦《また》卑狗と曰い、副は卑奴母離と曰う。方三百可《ばか》り、竹木叢林多く、三千許《ばか》りの家有り、差《やや》田地有り、田を耕すも猶食うに足らず、亦南北に市羅す」

そして、末盧国は次の通りである。

「又一海を渡り、千余里にして末盧《まつら》国に至る。四千余戸有りて、山海に浜《ひん》して居《す》み、草木茂盛し、行くに前の人を見ず。好く魚鰒《ぎょふく》を捕《とら》え、水の深浅と無く、皆沈没して之を取る」と。

また伊都国は「東南に陸行五百里、伊都国に至る、官は爾支と曰い、副は泄謨觚《せもこ》・柄渠觚《へここ》と曰う。千余戸有り、世々王有るも、皆女王国に統属す。郡の使《し》往来するに常に駐《とど》まる所なり」とあり、この伊都国までの各国の記述はそれなりに詳細であり、実際に見聞したことが感じられるが、伊都国から先は、例えば「東南奴国に至る、百里。官は兕馬觚《しまこ》と曰い、副は卑奴母離《ひなもり》と曰い、二万余戸有り」、更に「東行不弥国に至る、百里。官は多模《たも》と曰い、副は卑奴母離と曰い、千余戸有り」と。

また「南投馬《とま》国に至る、水行二十日。官は弥弥《みみ》と曰い、副は弥弥那利《みみなり》と曰い、五万余戸可《ばか》り」というように、星数と官名と副官名と戸数を記すのみで至極簡単である。

そして特に注目すべきは、肝心の女王の居住する邪馬台国さえもが、「南邪馬壱（邪馬台）国に至る。女王の都する所なり、水行十日、陸行一月。官に伊支馬《いきま》有り、次は弥馬升《みまそ》と曰い、次は弥馬獲支《みまかき》と曰い、次は奴佳鞮《なかて》と曰い、七万余戸可《ばか》り」と、型通りの事がらを至極簡単に記述しているだけで、前半の伊都国に至るまでの描写のように躍如たるものがないことである。

従って、この記述の違いから考えられることは、伊都国に至るまでは実際の見聞録であるが、以後の記述は単なる聞き書きに過ぎない——ということである。

例えば、詳述されている対馬国の戸数が千余戸、一大国が三千ばかり、末盧国が四千余戸、伊都国が千余戸であるのに対して、簡単に記述されているにも拘わらず奴国が二万余戸、投馬国が五万余戸、邪馬台国は七万余戸であり、末盧国や伊都国とは比較にならない大国である。実際に見聞したのであれば、もっと詳述される何ものかがあってもいいのではないかと思われるのであるが、それが無いのは聞き書きだからであろう。

出先機関への出張に際して役人が接待に溺れて、実地調査を行わずに聞き書きでお茶を濁すのは古今東西変わらないのではないか。

まして郡使は「郡より倭に至るには、海岸に循《したが》いて水行し、韓国を歴て、乍南乍東《さなんさとう》し、其の北岸狗邪韓国に到る、七千余里」(『魏志倭人伝』)という遠路を遥々とやって来ているのである。この上更に幾日かかるかも知れない、然も「草木茂盛し、行くに前の人を見ず」(『倭人伝』)というような辺境の悪路・険路を難行苦行するよりも、聞き取り調査で済ませられるものならそうした筈である。

多くの歴史家、古代史研究者が、もしこの文章（記述）の違いに気づいて、伊都国から先の奴国、不弥国、投馬国などが聞き書きであることに思いいたっておれば、或いはこれほどまでに方角や里程に執われて、振り廻されることはなかったのではないか。

そして次に、伊都国を出てからの距離が、女王国に向かって次第に遠くなっていることに気がつくのである。

例えば、伊都国を出て東南へ百里で奴国、次に東へ百里で不弥国、次に南へ水行二十日で投馬国、そして次に南へ水行十日、陸行一月で女王国へ至るのであるが、投馬国への「水行二十日」、邪馬台国への「水行十日、陸行一月」という表現が、わたしには遠い遠い所――といっているように思われるのであり、そして、この遠い遠い所というところに、わたしは作意を感じるのである。郡使の実際の調査行を躊躇させるための作為である。

当時の倭人たちは、少なくとも現代の日本人よりは自国防衛の意識が強かったのではあるまいか。倭国にとって女王が重要な存在であるならば、如何に自らが朝貢する宗主国のような中国（魏）であろうとも、外国に対して無防備にその所在《ありか》を曝け出すようなことはしなかった筈である。万一に備えて隠し通すに違いない。

その点からいえば、如何に同盟国とはいえ、日本の何もかも一切合財を無防備にアメリカに曝してしまっている現在の日本人よりは遥かに賢かったのではあるまいか。

それはとも角、女王国を遠い遠い所とするのが作為であるとすれば、わたしはむしろ女王国は逆に意外と近くにひっそりと隠されていたのではないかと想像するのである。

灯台下暗しという。郡使が常に駐《とど》まる伊都国のすぐ側にあって、然もその存在を知られないところ――すなわち、伊都国（福岡県）側からは越えるに越え難い断崖絶壁の雷山を越えた佐賀県側の山懐深くに抱かれた隠れ里――現在の富士町か大和町辺りに、女王は祭祀のほかは普段は千人の侍女たちと養蚕と機織をしながら、隠れ棲んでいたのではないかと想像するのである。

環濠弥生集落「吉野ヶ里」が『魏志倭人伝』の何国にあたるのかは不明だが、吉野ヶ里に隣接する日隈山に烽火台があったというのであれば、わたしが想像する富士町か大和町あるいは小城辺りに、吉野ヶ里に関わりの深い国があったと考えるのが自然である。

長崎本線の車窓に見る佐賀県側の背振山脈はなだらかで、山懐は深い。

或る日、わたしの脳裏に白昼夢のように、背振山脈の稜線を越えて山を下って来る白装束の一団の姿が見えた。

髪は角髪《みずら》に結い、見慣れぬ白装束に身を包み、腰に剣を佩き、手に手に弓箭や斧をもっていて、明らかに異国の戦闘集団であった。――このようにして天孫降臨は行われたのではないか。

福岡県側の背振山脈の断崖絶壁は、玄界灘を渡ってくる騎馬民族の渡来者たちの、佐賀県側への侵攻を長く防いで来た。

然し遂に彼らが山を超える日が来たのである。平穏無事な農耕生活に慣れ親しんでいた佐賀県側の住民たちにとっては、或る日突如として山の頂に現れた異形の集団は、まさに天から降って湧いた一団に思えたのではあるまいか。

このようにして農耕民族は騎馬民族に征服されていったのであろう。天孫降臨とは騎馬民族による農耕民族征服劇にほかならなかったのである。そして、それは日本列島の各地で行われた筈である。

遠い山脈に、山を駆け降りて来る白い一団の白昼夢を見ながら、この山を見る機会ももう滅多にないだろうなあ――という感懐が、わたしの胸中を横切《よぎ》っていたのであった。

今井幹雄（いまい みきお）

現　在「六大新報」主幹
著　書「それ迷信やで—迷信列島漫才説法」
「誤殺—真説福岡誤殺事件」
「深く経蔵に入りて智慧海の如くならん」
「歓喜の思想」
「霊験」
「七福神物語」
「仏具と法話」
「仏教を推理する」
「理趣経　百字偈のいのちを汲む」
「理趣経　勧請句に学ぶ」
「真言宗昭和の事件史」
「今井幹雄著作集」Ⅰ・Ⅱ・Ⅳ・Ⅴ
「真言宗百年余話」１・２・３巻
他

秘境 邪馬台国
仏教者が見た神話と古代史

2004年６月７日　初版第１刷発行

著　者——今井幹雄
発行者——今東成人
発行所——東方出版㈱
〒543-0052 大阪市天王寺区大道1-8-15
Tel.06-6779-9571　Fax.06-6779-9573
印刷所——亜細亜印刷㈱

落丁・乱丁はおとりかえいたします。

ISBN4-88591-895-2　C0021